El otoño alemán

Eugenia Rico

EL OTOÑO ALEMÁN

algaida
eco

Esta novela obtuvo el XXXVIII Premio
de Novela Ateneo de Sevilla.

Avda. San Francisco Javier 22
41018 Sevilla
Teléfono 95 465 23 11. Telefax 95 465 62 54
e-mail: algaida@algaida.es
Composición: Grupo Anaya
ISBN: 978-84-9877-221-0
Depósito legal: NA-1338-2009
mpresión: Rodesa, S. A.
(Rotativas de Estella, S. A.)
31200 Estella (Navarra)
Impreso en España-Printed in Spain

Índice

Aquí yace uno cuyo nombre está escrito en el agua.

Epitafio de Keats escrito por él mismo

Luz, más luz…

Goethe al morir

En una buena historia siempre hay un asesino y una víctima.
También un detective.
Aquí no se sabe quién es el asesino ni la víctima.
Ni siquiera quién es el detective.
Aunque quizá sea yo.
Pero ¿quién ha dicho que esta sea una buena historia?
Volvamos a empezar.

0

NUNCA EL OTOÑO HABÍA SIDO TAN PLACENTERO en Alemania como en aquel mes de octubre de 1991. El sol brilló casi con tanta fuerza como en el lejano Sur y la brisa del Este estremeció todas las cosas.

Y sin embargo, el día del entierro comenzó a llover. Llovió sobre la casa y sobre la piscina, sobre las tumbas y sobre la gente que intentaba llorar, y acababa guareciéndose de la lluvia. Era una de esas tormentas que parecen breves, pero no lo son. Tormentas que nos hacen equivocarnos, que nos hacen adentrarnos en la lluvia cuando está a punto de escampar, que nos hacen esperar a destiempo y mojarnos a destiempo. Nadie sabe cuánto tiempo llovió, pero siguió lloviendo. Llovió sobre los soldados que partían a la guerra y llovió sobre los aviones en que regresaron sus féretros.

Llovía y a cántaros a las orillas del Rhin, cuando besé a un hombre que se iba a una guerra, aunque hubiéramos creído que nunca más habría guerras, al menos para nosotros; que nunca más nos empaparíamos bajo la lluvia para despedir a un soldado. Volvió a llover, aunque débilmente, sobre las ruinas de Bagdad, y por las tardes la lluvia tropical golpeó los techos de Guantánamo como si fueran de hojalata y la lluvia fuera un tambor lejano. Llovió sobre los buenos y sobre los malos y también sobre mí.

Crecí, aunque sólo un poco, y me convertí en la persona que nunca había pensado ser: alguien sin memoria; es decir, alguien sin futuro.

Hasta que un día la lluvia cesó de repente y me encontré en otro año y en otro entierro. El siglo veintiuno había llegado y no parecía muy distinto al siglo veinte, pero yo era distinta y quizá para dejar de serlo, esta vez no esperé a que parara la lluvia ni a que terminase el entierro. No recuerdo a quién enterrábamos. Algún familiar lejano o el familiar lejano de un colega. Los entierros habían dejado de ser algo trágico para convertirse en algo tedioso y, sin embargo, cada vez que sepultábamos a alguien a mí me seguía pareciendo que la sepultábamos a ella: todos los entierros eran su entierro.

Sólo sé que me levanté y fui en busca del coche. Aquel entierro me había traído de vuelta a

Alemania, después de mucho tiempo. Quizá ahora supiera, por fin, lo que había sucedido hacía tantos años. Quizá ahora comprendiera lo que pasó y lo que hicimos todos nosotros entonces, y sobre todo por qué lo hicimos.

Nunca he querido ser detective; ahora me daba cuenta de que toda mi vida lo he sido. Un detective de un solo caso. El caso. Por eso volvía. Ahora. Después de tanto tiempo.

A medida que conducía a través de pueblos tan pulcros que limpiaban el agua caída sobre ellos, empecé a recuperar poco a poco la visión nítida que me habían arrebatado las lágrimas. Cuando llegué a Frankfurt, donde los pobres retumban en la insolencia de la Gran Estación, había decidido que no era culpable de nada, pero aún había algo que debía hacer.

Fátima y yo teníamos la costumbre de tomar café en las estaciones de trenes alemanas. Era un pequeño rito de la religión de nuestra amistad. La estación. Un templo a la puntualidad presidido por un reloj en su altar: un lugar limpio y bien iluminado, el último en cerrar, el primero en abrir. Hacía muchos años que yo había abandonado aquel culto, así que me tomé un perrito caliente a toda prisa y retomé el camino hacia Giessen.

Tengo que saber, pensé.

Mi coche galopaba hacia el centro de la tormenta como si fuera una gota de lluvia. Había vuelto a Alemania y en Alemania no hay límite de velocidad. Las gotas golpeaban el cristal y ascendían irreales por el parabrisas. La velocidad les hacía invertir su curso, como un río que fluyera corriente arriba, como si fuera posible que el tiempo diera marcha atrás y la lluvia volviera a las nubes.

Tengo que saber.

La lluvia no es sólo agua. También es muerte; la vida vino del agua. Pero el agua puede matar.

Tengo que saber.

Necesito saber.

Yo me sentía ahora como una de esas gotas, en medio de la tormenta y yendo en contra de la corriente hacia el principio del fin, el día en que pasó lo que nunca hubiera debido pasar.

Mi coche patinó hacia el arcén y vi las hojas muertas, el barro y los papeles barridos apresuradamente. Y pensé que, a pesar de toda el agua que había caído, que seguía cayendo, el barro era más fuerte. Había cosas que el agua no podía limpiar, cosas que volvían a levantarse desde la tierra, sucias como cadáveres que intentan flotar. Como si el agua que caía del cielo fuera lo que es: el ciclo inútil de las gotas que suben y bajan y no consiguen salir de su sitio.

Nunca había sabido cómo hacer para vivir más años, pero sí el medio de que los años durasen el doble. Viajar era la única manera segura de alargar la vida. En el viaje el hilo de la vida se estiraba y los días parecían meses, y los meses, años. Me parecía que hacía siglos que había salido de Giessen. O que, aunque hubiera sucedido, nadie creería que fue cierto.

«El pasado nunca vuelve», me decía mi abuela. Es verdad, pero los túneles del tiempo tienen atajos y vías muertas. Tienen agujeros por los que de pronto el pasado y el presente se comunican a través de los simples orificios de una fotografía. Igual que un perfume, la imagen me devolvía la mirada de los muertos.

Por eso sé que lo que me conduce de vuelta a la casa no es el motor de mi coche sino la fotografía que he prendido en el retrovisor, como si fuera un mapa: la foto que nos hicimos aquella tarde y que ahora me parece la de unos desconocidos.

Sin embargo, yo estoy en esa foto. Soy la rubia que mira fijamente a la cámara, como si quisiera romperla. Hay una chica morena de grandes ojos negros que mira hacia algún lugar que los demás no podemos ver y hay una anciana con peluca que agarra un bastón de plata como si fuera a golpearnos con él.

Es mi abuela; somos Fátima y yo misma, sorprendidas tal y como éramos un viernes y trece de 1991. El día en que mi abuela cumplía ochenta años. O acaso fueran cien. A partir de los ochenta la edad no importa. A partir de los ochenta la Cábala dice que uno puede comenzar a dar consejos.

No sabíamos que la anciana moriría esa misma noche y que la más joven de nosotros tardaría sólo siete días en seguirla. Pero, eso sí, serían siete días extraños y alucinados. Los siete días de esta historia.

1

EL 13 DE SEPTIEMBRE DE 1991 FUE VIERNES Y trece. También fue el día en que me detuve en una pequeña ciudad cerca de Giessen a tomar café en la estación y me encontré con los ojos negros de Fátima, entre tantas maletas y tantos pasajeros.

Fátima hubiera jurado que llevaba años en aquel tren que avanzaba interminablemente por algún lugar de esa tierra que llaman Alemania, pero no pareció sorprendida de verme. Nunca parecía sorprendida de nada. Debo reconocer que la remota posibilidad de que ella cambiase de tren en aquel lugar fue uno de los motivos que me impulsó a cumplir el rito de tomar café en una estación, como solíamos hacer Fátima y yo; aunque para mí las estaciones fueran lugares ruidosos y confusos, lugares en los que las personas van para dejar de verse, y en el último momento se ven sin verse porque ya están viendo el recuerdo de ese momento y cuando quieren aferrarlo hace rato que ha partido el tren. Lugares en los que nada permanece y todo está destinado a perderse como los ecos de las voces, de las risas, de los abrazos y las lágrimas que los trenes pisotean con sus ruedas y que luego se llevan lejos sin que nadie sepa si volverán.

Aunque tenía la certeza de que ella estaba invitada a la fiesta de Werner, no dejaba de resultar increíble que nos encontráramos así. Como no tenía la menor idea de la hora en que ella había salido de Bruselas, nuestro encuentro era un azar afortunado, disfrazado de destino. Al aparcar el coche yo había calculado que teníamos menos de un treinta por ciento de posibilidades de encontrarnos. «Y menos en un viernes y trece», añadí para hacer una broma.

Pero Fátima era española y por una de esas *faltas de armonización* en la Europa del Mercado Único que tan útiles eran a una jurista comunitaria como yo, resultaba que en su país el viernes y trece era un día como cualquier otro. «A nosotros nos aterroriza sólo el martes y trece», me explicó luego.

Así pues, pensé que quizás era un día de suerte para los españoles, porque conocía a Fátima lo suficiente para saber que su infierno particular era un tren interminable que tenía que recorrer cargada de maletas a lo largo de una eternidad de pasillos, de puntapiés, de niños llorando, de mujeres con pañuelo sentadas en el suelo, de mochileros atravesados en sacos de dormir cerrándole el paso.

Tal vez la alegría de evitarse aquel suplicio le impidió maravillarse de la coincidencia. O pensó que sus deseos se habían hecho realidad. Fátima era de esa gente que cree firmemente que los deseos se hacen realidad. Y nuestra amistad siempre había sido así: desde nuestra época de estudiantes en Francia, la historia de nuestra amistad era la historia de una despedida que se repite en estaciones siempre iguales, con trenes que van y vienen en el día y en la noche.

A pesar de su odio a las maletas o tal vez a causa de él, siempre la había visto cargada con dos enormes maletas marrones de plástico, imitación de las de un famoso diseñador italiano. Una mujer en una estación de tren. Una mujer que nadie llamaría hermosa a primera vista pero que nadie sería tampoco capaz de olvidar hasta mucho después de que se fuera el tren. Siempre la recordaré con aquellas dos maletas que ella tanto odiaba y sin las que no podía viajar, abriéndose paso entre los viajeros con pequeñas sacudidas de sus rizos oscuros porque siempre nos encontramos y nos despedimos en innumerables estaciones de muchos países, que en mi recuerdo son uno sólo: el árido y aburrido país de las estaciones de tren.

Conocí a Fátima en Francia. Ella parecía feliz allí, a pesar de los problemas que tenía con los franceses. Parecía sentirse bien en todas partes menos en su propio país aunque, a causa de sus cabellos negros y rizados y sus intensos ojos oscuros, la tomasen por magrebí en Francia, por yugoslava en Bélgica y por turca en Alemania. «Voy de minoría marginada por la vida», bromeaba. Pero yo creo que donde más extraña se había sentido era en una ciudad del Sur de España, que en realidad no estaba en el Sur de España sino en el Norte de África.

Yo estaba pasando un año en Francia realizando una oscura *maîtrise* sobre asuntos internacionales. Para mí lo más importante era alejarme de mis padres que acababan de separarse, pero seguían viviendo en París. Aunque a mí misma me parezca increíble tengo pasaporte alemán. Y toda mi sangre es alemana. Sin embargo, apenas viví dos años en la República Federal. Nací en São Paulo, en Brasil, y debe de ser por eso que no puedo vivir sin el sol. En São Paulo vive la colonia alemana más grande del Brasil, y mi padre era diplomático de la República Federal, lo que nos permitía habitar en hermosas casas y salir a la calle a jugar con hermosos niños de todos los colores. Recuerdo una pequeña italiana de rizos negros que era mi mejor amiga. El día que la conocí, me escandalicé ante mi madre: «Mami, no sabe hablar alemán». A aquella edad pensaba que el alemán era el único idioma que existía en el mundo. Aprendí el portugués en la escuela y muy pronto el inglés, cuando mi padre fue destinado en Washington. Después nos establecimos en Francia y, para entonces, yo ya no sabía muy bien cuál era mi país. Una lengua es una patria. Yo tenía muchas. Por fortuna, el hijo de padre alemán siempre es alemán. Esta ley que mucho tiempo después me pareció racista y obsoleta, preservó mi identidad cuando vagaba de país en país. Y en Toulouse, en el sur de Francia, por vez primera todos mis amigos eran alemanes y comencé a estar orgullosa de serlo.

Fátima era furiosamente española, a pesar de todo: de ese país que creemos tan orgulloso. Y fue a causa de Fátima que mucho más tarde yo aprendería perfectamente su idioma, como una manera de intentar comprenderla a ella. Pero para entonces ella ya estaría muerta.

Dicen que no se puede conocer a un pueblo si no se habla su lengua. En aquellos días yo no hablaba el español tan bien como ahora, pero dos palabras bastaron para revelarme el carácter del país: «Te quiero, Jesús». Las oí una vez en una apresurada estación de ferrocarril y fueron para mí el resumen de lo ibérico. Eran pura soberbia. Aquellas gentes confundían el amor con un acto de voluntad, y lo mismo querían a Jesús que una naranja. Y, por si fuera poco, únicos entre los pueblos de Europa, daban el nombre de Jesús a sus niños, como si no fuera el nombre de dios, o como si ellos mismos fueran dioses.

Cuando conocí a Fátima me di cuenta de que todavía era más complicado.

En Toulouse, y a pesar de que Fátima sólo tenía una lengua y por lo tanto una patria —su acento en francés era tan irresistible como cómico—, hubo algo en su desmañada forma de perderse en la ciudad que me hizo reconocerla como alguien del mismo remoto país del que yo era originaria. Ese país del que he hablado, compuesto de estaciones de trenes sin solución de continuidad, en el que habitan seres cuyo único credo es viajar, seguir moviéndose como si fueran a llegar a alguna parte.

Y allí estábamos abrazadas en aquel punto de mi país y del suyo, en aquel día en que yo creía que volvía por fin al origen, sin saber que el origen es uno de los muchos nombres del fin.

En la *Cité* nadie supo explicarse la amistad de la rubia germana con nombre escandinavo, hija de diplomáticos, educada en la Escuela Internacional de París, trilingüe desde los ocho años, y la morena española, becada por su gobierno con cuarenta mil pesetas de aquella época en que todavía existían las pesetas, menos del salario social para un *clochard* en Francia. Sus padres fueron los únicos que no supieron hablar con la directora de estudios en inglés, y ella misma hablaba el francés como una vaca española.

Nos habíamos conocido en el Restaurante Universitario adonde yo solía acudir para conocer gente y Fátima porque sólo costaba diez francos. Decían que el Resto U, como lo llamaban los estudiantes, era la primera selección que te hacía sufrir el sistema educativo francés: los que comían allí era evidente que tendrían graves dificultades para superar los exámenes con tales carencias de calcio y fósforo.

Para los hijos del programa Erasmus que habían venido desde toda Europa, como Fátima, el Resto U era el maná del cielo: comida, mi plato favorito, toda la que quieras y sin tener que fregar los platos. Poco antes de ir a la fiesta de Werner, Fátima y yo regresamos a Toulouse y por nostalgia fuimos a comer al Resto U. Sirvieron una especie de *tajine* que en los viejos tiempos era el mejor plato de la semana, pero ni ella ni yo pudimos probarlo. Fátima sintió ganas de vomitar sólo al olerlo.

—Es como si me hiciera vomitar la leche de mi madre —dijo Fátima, porque gracias al Resto U había podido permitirse su sueño europeo.

Y sin embargo el día que nos conocimos servían *tajine* y sólo por eso fue un gran día. Casi al instante me quedé prendada de cierto aire interesante que desprendía la pequeña española: entonces me pareció que había un misterio en su mirada, entonces ni ella ni yo sabíamos que su encanto procedía de sus grandes ojos miopes que miraban sin ver.

La española parecía venir de otro mundo y seguir viviendo en él. A veces me la cruzaba por los pasillos y parecía un alma en pena. No hablaba con nadie. Más tarde descubrí que era porque casi no hablaba francés y temía las burlas por su acento demasiado evidente.

El primer día que quedamos, Fátima me pidió que la excusase: iba a comprar cinta aislante porque en su habitación siempre hacía frío. Pasó una hora y la española no había aparecido: se había perdido en la sección de *affiches* de Monoprix. Deseaba enfadarme con ella pero no podía. La española tenía algo que me hacía pensar que o estaba completamente loca o era un genio.

El curso pasó veloz, y la pequeña española parecía más preocupada en aprender francés y viajar en autostop por Italia y el Sur de Francia que en estudiar Economía Internacional. Y llegaron los exámenes. Fátima sacó mención. Todo el mundo lo atribuyó a mi ayuda. Yo sabía que no era por mí, que ella supo siempre más de lo que creímos y lo aprendió de otra manera.

Cuando estábamos juntas siempre nos ocurrían cosas maravillosas, pero en cuanto nos separábamos la vida se volvía vulgar. A lo largo del tiempo, la miserable habitación de la *Cité* que Fátima había alquilado se fue convirtiendo en un almacén para los libros que ella compraba sin cesar. Casi siempre dormía en el sofá de mi apartamento sobre la Garonne.

Yo nunca había creído en la alegría de las personas que la muestran todo el tiempo, que ríen demasiado y demasiado alto. La experiencia me había enseñado que suelen ocultarse a sí mismos algo terrible. Fátima parecía demasiado frívola para serlo en realidad y, aunque a menudo me sacara de quicio, la vida se hacía insoportablemente aburrida sin ella.

Nunca olvidaré una escena a la que asistimos antes de salir de la estación. Sentía que era un mensaje cifrado para mí, que había algo que yo debía saber y alguien quería decírmelo. Un hombre de mediana edad con muletas estaba sentado cerca de un tren. Se acercó un tractor de esos que se usan para llevar mercancía. Se movía como si fuese un enorme toro y la estación fuera un campo repleto de fértiles vacas. De repente pensé que nosotros éramos las vacas, aunque hubiera sido más lógico pensar que aquel cachivache era un perro pastor y nosotros los corderos. Quizá el hombre de las muletas pensó lo mismo, porque se levantó de un salto y se tiró contra el tractor. Cayó al suelo cuan largo era, y al levantarse tenía sangre en la frente y en un ojo. Lo vi todo perfectamente. Vi que el hombre parecía haberse lanzado a posta. Sangraba, y la gente se apartaba y apretaba el paso.

—¡Un loco! —decían.

Fátima se acercó a él, yo la seguí; tratamos de hablarle pero no entendía lo que decíamos: quizá fuera extranjero y no hablara nuestro idioma o puede que fuera el shock. El hombre estaba vestido con una especie de pijama.

Volvió a sentarse en el banco y se recostó contra la pared, y a todo el mundo le daba igual y apretaba el paso. Así que yo cogí la mano de Fátima e hice lo mismo.

En cualquier caso, fue gracias a aquel encuentro aparentemente fortuito en la estación de Giessen, camino de una fiesta que Werner daba en casa de sus padres, como Fátima conoció a mi abuela Gertraud.

La anciana que decía llamarse así tenía más de ochenta años, pero le decía a todo el mundo que tenía cien. Hacía tiempo que había dejado de contar los años. Cuando le preguntaban, respondía siempre que era centenaria. Aquella respuesta dejaba a la gente mucho más satisfecha que la verdad, argumentaba ella. Aquel día coincidió con otro de sus casi cien cumpleaños. Había estado casada tres veces y sus tres maridos habían muerto. Ella aseguraba que sólo Jan la habría sobrevivido si no hubiera sido asesinado por los nazis. Jan era el abuelo de mi padre.

Durante muchos años no supe de la existencia de aquella abuela obstinada, de la que decían que había sido miembro de las Juventudes Hitlerianas. Ella siempre lo negó y yo nunca supe por qué había dejado de relacionarse con mi padre.

Mi padre jamás hablaba de ella y se suponía que no teníamos parientes en Alemania. Si mi abuela estaba viva, habría sabido algo de ella. Habría recibido un regalo en navidad, unos guantes por San Nicolás, una tarjeta el día de mi santo. Mis abuelas nunca me regalaban nada. Para una niña eso significa que están muertas. Pero un día comencé a recibir cartas de Gertraud y mi padre me explicó que su madre vivía todavía en Giessen. Sólo la vi en tres ocasiones. La última vez, aquel viernes y trece de septiembre, cuando me encontré a Fátima camino de alguna parte en una estación de tren y la convencí de que hiciéramos juntas una parada para celebrar el cumpleaños de mi abuela.

Así fue como acompañamos a la vieja el último día de su vida. Parecía mucho más joven, en buena medida porque en lugar de arrugarse se había secado.

«Tal vez sea verdad, quizá todas esas guerras le han arrancado la humedad de las entrañas.»

Mi padre me había confesado que nunca la había visto llorar, aunque nunca puede saberse lo que hizo cuando era más joven. Y en mi familia sólo se llora a escondidas.

Murió aquella misma noche. Después de su muerte mi padre heredó el contenido de su caja fuerte: los papeles relativos al fusilamiento de Jan por los rusos como miembro de las SS y un ejemplar de *Mein Kampf* dedicado personalmente por el Führer. Nada más, ni dinero, ni joyas: aquél era su único tesoro.

Pero aquella tarde en que acompañamos a la reseca mujer a tomar pasteles, en algún café lleno de mujeres que se le parecían, sobre los tejados de una ciudad alemana, una extraña complicidad se estableció entre mi mejor amiga y mi única familia en Alemania aparte de mi padre.

La anciana no sonreía pero enseñaba los dientes, y tomaba la mano de la pequeña extranjera, mientras explicaba muy despacio en alemán que se había ganado la vida como instructora de gimnasia, y que sin duda había sido eso lo que la había mantenido viva tanto tiempo. Yo intentaba traducir pero ella exclamaba:

—*Nein.*

Y agarraba la muñeca de la española con más fuerza, acelerando el ritmo de sus palabras. Fátima entendía, sin comprender, el sonsonete de las palabras extranjeras que la iban adormeciendo, que la mecían como una nana mece a un niño. Más tarde me confesaría que se sentía como un bebé que oye una nana en una lengua que todavía no ha aprendido. No entiende nada pero sabe que es la lengua de su madre y adivina que todo saldrá bien.

Ese día tuve la impresión de que Gertraud y Fátima compartían un secreto inaccesible para mí, que las unía más que la lengua o la sangre que yo tenía en común con aquella mujer de casi cien años.

En efecto, mi abuela insistía en que no hacía falta que yo tradujera. Y Fátima estaba de acuerdo. Sin embargo Gertraud, que sólo hablaba alemán, se admiraba de que yo conversara con aquella extranjera tan deprisa en francés. Antes de irnos nos pidió que lo hablásemos un poco para que ella lo escuchase. No entendía nada pero le emborrachaba la música.

Yo añadí que no sólo era la música la que emborrachaba a Gertraud: estaba siendo mezquina y acaso me sentía celosa del encanto de Fátima. Gertraud no podía apartar los ojos de sus cabellos negros.

Quizá porque mi abuela no tenía ninguna prisa, la tarde transcurrió veloz.

Gertraud nos pidió que la lleváramos a su casa. Nos quedaba casi de camino, y al llegar descubrí que no estaría a más de diez kilómetros de la mansión de los padres de Werner. Vivía en una especie de cabaña de madera, aislada en medio de los bosques. Parecía la casa de Hansel y Gretel, una casa en la que hubiera podido vivir lo mismo la bruja que el hada de un cuento, pero que no parecía muy apropiada para una mujer de su edad. No sé cómo se las arreglaba para hacer la compra o para ir a la ciudad. Se lo dije y me sonrió con picardía. Mi abuela era en verdad un ser extraño, pero supongo que todas las abuelas lo son.

Le pregunté si estaría bien allí sola tanto tiempo y le dejé la dirección de la casa de los padres de Werner, al fin y al cabo tan cercana. Después de hacerlo me asaltó el temor de que nos llamara todos los días con cualquier pretexto, y luego me sentí culpable por haberlo pensado. Mi abuela llevaba muchos años sin llamar a la familia, no tenía por qué hacerlo ahora.

Al marcharnos Gertraud se quejó de que su única hija, que no era hermana de mi padre, celebrara una fiesta y no la hubiese invitado: «Prefiere los amigos a la familia. La juventud, ya se sabe...». Su hija debía de rondar los sesenta años, pero estaba claro que no existía ninguna palabra en alemán para expresar lo joven que le pareció aquel día Fátima a mi abuela.

Nos hicimos una foto. Tres mujeres sobre una ciudad totalmente reconstruida. La foto de esta historia. Todos los que un día se retratan algún día han de morir. Quizá por eso nuestros mayores se fotografiasen con esos gestos de ceñuda trascendencia, y en los comienzos de la fotografía fueran tan populares los retratos de cadáveres. En ese sentido retratarse es convertirse en un vestigio. Y los relatos como éste también son un vestigio.

Mientras nos alejábamos de la pequeña casa de mi abuela, el sonido del motor de mi vieja Volkswagen sumió a Fátima en una especie de trance hipnótico. En ese estado trató de hablarme de su propia abuela. Pero ésta se resistía a viajar, aunque fuera con el pensamiento, a aquella ciudad que no se sabía muy bien si era el sur del norte o el norte del sur. Todo lo que pudo recordar fueron sus manos cruzadas sobre un delantal, aquel delantal que se obstinaba en mantenerse inmaculadamente limpio por más que su abuela no se lo quitase ni de día ni de noche.

Y noche era y cerrada cuando después de perderse muchas veces creímos ver a lo lejos las luces de la casa de Werner.

2

NUNCA HUBIERA IMAGINADO QUE LA CASA DE la familia de Werner fuera tan grande. Vista desde la carretera parecía una vivienda sencilla. Pronto me lo desmintió el número de luces que titilaban en la oscuridad. Demasiadas ventanas para una simple casita. Demasiadas luces bailando en la oscuridad. Como farolillos venecianos los resplandores de las múltiples ventanas de los Von Carsten agitaban su opulencia en la austeridad calvinista de la entrada principal.

En cualquier caso, Werner era una de esas personas que nunca se asoman a la ventana por muy grande que sea el tumulto que oigan en la calle. También era uno de esos hombres a los que una mujer nunca sabe si ha besado o no. De esos a los que ni siquiera sabes si deseas besar. O no. Tuvo que ser ese alumno al que nunca ponen falta en clase, porque es difícil darse cuenta de sus ausencias.

Yo tampoco me daba cuenta de sus ausencias: había desaparecido de mi vida durante un año, y a mí me parecía que fue el día anterior cuando nos habíamos despedido en la Rue des Rosiers, mientras él hacía impacientarse al taxista vagamente consciente de la superioridad del marco alemán. Su avión esperaba, el taxista esperaba y yo esperaba que él dijera algo después de la última noche, pero sólo me besaba las palmas de las manos y al final aseguró:

—En cuanto llegue a Alemania, te llamaré.

Pero debió ser un viaje muy largo, porque no tuve noticias de él hasta que un sobre rojo me invitó a aquella fiesta, con la que se despedía de Europa y de mí.

«Me voy a trabajar a la NASA, quizás la próxima invitación te llegue desde una estrella.»

Werner era ingeniero aeroespacial y uno de esos niños que siempre había dicho que de mayor iba a ser astronauta. La verdad es que Werner suele hacer todo cuanto dice, excepto si se lo dice a una mujer.

Pero Werner no era un mujeriego; al contrario, nadie le conocía novia. Ni siquiera un ligue y aquella noche después del jazz en Chatelet, tan sólo hubo juegos de adolescentes que me revelaron la pericia de sus labios.

Le había conocido en Toulouse, como a Fátima, y en seguida me había atraído por razones opuestas a las que me hicieron interesarme por ella. No había ninguna afinidad entre nosotros. Era alguien completamente distinto de mí y desesperadamente alemán.

En el físico nos parecemos. Ojos demasiado azules. El cielo del Midi ha desteñido en ellos. Cabellos rubios como oxigenados. Hubiéramos sido el perfecto cartel de propaganda nacionalsocialista, pero sólo éramos dos estudiantes alemanes disfrutando del sol de Francia.

La familia de Werner había oído hablar de mi familia. La familia de Werner no lo había perdido todo en la guerra como la mía. La familia de Werner no se había ido de Alemania. Los Von Carsten jamás se irían de Alemania.

Nunca había estado en la casa de la madre de Werner, aunque una vez estuve en la casa que su padrastro tenía en Berlín. El padre de Werner había abandonado a su madre cuando Werner era pequeño. La esposa de su padrastro había huido con un magnate argentino. Al partir se había llevado todo lo que tenía valor para ella y sólo le había dejado un niño. La madre de Werner y su padrastro se conocían desde siempre. Sus familias también se conocían. Nada más lógico que aquel matrimonio que reunió cinco niños en la misma casa. Pero sólo Werner era Von Carsten.

Llegábamos en el apogeo de la fiesta. Las puertas estaban entreabiertas y a duras penas nos abrimos paso entre chicas y chicos vociferantes. Nadie se daba cuenta de nuestra presencia. A Fátima se le ocurrió que hubiera sido demasiado fácil para un ladrón o un asesino aprovechar aquel tumulto para entrar como nosotras habíamos entrado.

No había nadie completamente borracho ni del todo sereno.

Todos los muchachos eran altos con brazos musculosos. Todas las chicas eran esbeltas y sus cinturas resbalaban entre las manos. Había un murmullo amodorrado de deseos en alemán.

Nada más entrar me invadió la certeza de que ya había estado allí, era una de esas impresiones de reconocimiento doloroso, un *déjà vu* lacerante, la certeza de que ya había estado en aquella casa y que todo ocurría una y otra vez sin que yo pudiera hacer nada para evitar que se repitiera. Miré a Fátima que parecía sentir lo mismo que yo.

Apartando alientos cálidos de nuestras caras divisamos entre el mar de desconocidos una oleada de rostros familiares.

—¡Werner! —exclamé, arrojándome en brazos del gigante más rubio que salió a recibirnos.

Fátima se había quedado atrás, fascinada por todos los objetos que no imaginaba que llegarían a serle tan familiares.

Fátima nunca había estado en una casa como aquélla. Sólo pisar el mármol de los suelos le bastaba para sentirse vagamente culpable. En un lugar como aquel nadie podría creer que hubiese hambruna en alguna parte de aquel planeta, ni pobres compartiendo su existencia con seres que podían construir moradas tan bellas. Claro, pensaba Fátima, que no eran los mismos: estos de aquí parecían ejemplares del *homo bellus*, bellos y guerreros como las plumas de un pavo en celo, aquellos cuyos niños morían de hambre eran como los pajarillos tiñosos de la ciudad. Carecían de utilidad. No eran hermosos como para exhibirlos en los parques, ni comestibles para trincharlos en la mesa.

Alguien le puso un vaso en la mano y Fátima se aferró a él mientras la iban empujando a empellones suaves pero maliciosos hasta el centro de la fiesta, donde la gente permanecía tan junta que era posible emborracharse con el olor de los cuerpos. Se sujetaba fuertemente al vaso que era su asidero frente a aquel bosque cimbreante de cabezas doradas que se agitaban por encima de la suya. Las personas a su alrededor parecían tener una increíble habilidad para beber cócteles, comer patatas fritas, hablar y bailar a la vez. Ella giraba y giraba como si bailase consigo misma, engullida por el monstruo sin cuerpo que eran todas aquellas cabezas desconocidas que la envolvían y le hacían sentirse tan pequeña como la aceituna de sus combinados.

Por fin me compadecí de ella y viendo que a duras penas se sostenía, la cogí por la cintura y comencé a presentarle a quince o veinte personas, la mayoría muchachotes cuyos nombres pronunció con dificultad. Todos hablaban inglés, por lo que se aminoró un poco la sensación de culpa que tenía por su defectuoso y casi inexistente alemán.

—Mi alemán es un poco mejor que mi chino —explicaba, arrancando carcajadas solidarias.

Entabló conversación con una chica rellenita que hacía de animadora. Se llamaba Eva y de pronto le inspiró simpatía porque era bajita, gorda y buena persona en aquel mundo de gigantes perfectos.

La dejé en sus manos y Eva trató de guiarla por aquel laberinto. Le enseñó los salones de la casa. La fiesta estaba repartida en tres salones: uno para tomar copas, otro para bailar y el tercero para las charlas reposadas de pareja. Ésa era, al menos, la teoría; en la práctica resultaba que en todos ellos se bailaba, se bebía y se hablaba sin que ninguna de estas cosas pudiera hacerse con tranquilidad. Aunque la fiesta pudiese resultar caótica para mi idea de Alemania, rebosaba orden en comparación con cualquier reunión latina. A pesar del tumulto y del incesante movimiento, en realidad era lo contrario de una orgía. Era imposible ver ningún acercamiento impúdico, y ni siquiera alguno picante, aunque Eva dijera que no podía enseñarnos la sauna porque una pareja llevaba ya una hora allí dentro, sin que el hecho de que la hubieran encendido pareciera desanimarles.

No deja de resultar paradójico que Eva, la introductora de Fátima en casa de Werner, fuera la primera en marcharse. De no haber sido así, todo hubiera resultado distinto. O tal vez no. El caso fue que Eva trabajaba en el despacho de su tío, un reputado abogado, y a la mañana siguiente esperaban a unos importantes clientes coreanos.

—Ésa es nuestra vida ahora —dijo Eva—: esperar a los asiáticos —y se rió como si hubiera dicho algo muy gracioso.

Fátima vio a lo lejos cómo se dirigía hacia su coche, acompañada por un extraño tipo de piel oscura que al despedirla —le pareció— la besaba apasionadamente.

Al fin, sintiéndome como una sirena en el agua, emergí ante Fátima con mis dos flamantes trofeos: escoltando cada uno de mis hombros se erguía un aguerrido germano. Uno rubio y otro moreno. El rubicundo era, por supuesto, Werner; al otro ni siquiera yo le conocía, pero me dijeron que se llamaba Ulrich. Como siempre, hablamos de los tópicos del carácter alemán y del español, con toda la seriedad que la hora y los daiquiris nos permitían. Ulrich aseguraba que la única diferencia era que los alemanes sí hacían todo aquello que decían:

—*Spanish talks a lot, German does a lot.*

Su inglés era tan brutal como efectivo. Para ilustrarlo anunció a todos que dormiríamos juntos aquella noche, Werner, Fátima, Ulrich y yo misma. Por supuesto no le creímos. No porque no pareciera capaz de hacerlo, sino porque pensábamos que si lo fuese a hacer nunca lo hubiera dicho.

Poco antes de que amaneciese, Werner hizo calentar la piscina y encendió las luces del exterior, ocultas entre los helechos. Altavoces entre los setos proclamaban proféticos la música de Wagner. El canto de las walkirias se deslizó primero de puntillas y luego invadió el jardín hasta arrojarse épicamente a la piscina.

El vapor se elevó nostálgico sobre el agua estancada, bañado en la luz de los focos y en la música, como el humo de un incendio.

Obedeciendo a una orden que nadie había dado, la docena de muchachos y las cinco o seis muchachas que aún quedaban se arrojaron como nibelungos y walkirias a la piscina. La escasa luz destacaba la palidez de los cuerpos que iban cayendo uno tras otro con un cegador chapoteo blanco al agua negra. Sólo yo me resistí y tuvieron que arrojarme aún vestida entre cuatro mozos fornidos. Ya en el agua acabaron de desvestirme a tirones en castigo a mi desobediencia. Fue a mí a la única que tocaron, y sin duda ése fue el premio a mi resistencia.

«A pesar de todo, aquí, en Alemania, la reputación de una chica es lo más importante: puede hacerlo todo, siempre que parezca que en realidad no desea hacerlo», le explicaba a Fátima.

Fátima no podía creerme; Alemania era para ella un lugar mucho más avanzado que España en ese aspecto. Pero yo le repetía que no, que sólo en la superficie, que en cuanto arañabas un poco enseguida aparecía la rigidez calvinista ante los pecados de la carne, la lucha de los germanos contra los pueblos católicos del sur, contra la tolerancia del perdón generoso ante las tentaciones. Lo demás eran modas.

—Vosotros tenéis psicólogos que cuestan mucho y no dan la vida eterna. Nosotros tenemos curas —decía Fátima—, la gente es más feliz cuando sabe que todo puede ser perdonado.

—Pero si tú nunca vas a misa —le decía yo.

—Ya... Pero resulta más fácil rezar a una madre que lo perdona todo que pedir a un padre que juzga: por eso nosotros nos reímos mucho y vosotros ganáis siempre.

—Puede ser cierto, pero los alemanes perdemos todas las guerras.

—Ésta no es una conversación para tenerla en una piscina llena de cuerpos desnudos y hermosos —nos interrumpió Werner—. Meted la cabeza bajo el agua. Seguiréis escuchando la música.

Sumergida en aquel pozo de luz, rodeada de cuerpos gloriosos, Fátima me contaría luego que vivió uno de esos raros momentos en que estaba completamente en un solo lugar y en un solo instante, esos momentos intensos en que todo es perfecto: los ecos de la música, la luz atravesada por el vapor, las burbujas del agua, el olor a recién cortado del césped.

En cuanto a mí, tenía frío.

Lo de menos fue cuando se vio en el gran lecho acostada junto a mí y a los dos chicos: el rubio y el moreno. Como dos caballeros esperaron a que nos desnudáramos antes de asaltar la cama mientras gritaban: «*Germans do what they say*». «Los alemanes lo hacemos —querían decir—. No solemos decir que dormiremos cuatro en una cama, pero cuando lo decimos… Vaya si lo hacemos.»

Fue lo de menos porque Fátima ya no sentía sorpresa: todas las sorpresas se habían quedado prendidas, como nuestras ropas, entre las luces del jardín.

3

Al ver a Ulrich a la luz del día pensó que nunca había conocido a nadie que le recordase más a Napoleón. Se trataba, naturalmente, del Napoleón pintado por Jacques-Louis David mientras atravesaba el Gran San Bernardo, un Bonaparte efébico y casi adolescente, nada que ver con ese otro enfurruñado funcionario de correos que pintaría el mismo David diez años después.

Fátima enseguida empezó a llamarle *Herr Major,* y decía que sólo le faltaba el monóculo para ser el perfecto mayor alemán de las películas. No se sorprendió demasiado cuando él le explicó que, en efecto, era mayor de la Bundeswehr, el ejercito alemán. Se lo esperaba. Una vez había visto una película de Woody Allen donde un personaje se escapaba del filme para vivir por un tiempo entre los seres reales. A ella le parecía que nosotros habíamos hecho el recorrido a la inversa: habíamos escapado de la vida real para irnos a vivir una temporada a una película de la que no conocíamos enteramente el argumento, pero en la que si llamabas a alguien *Herr Major,* resultaba que lo era.

No me cabía duda de que por error estábamos en una película de los años veinte, donde los apuestos oficiales besan galantes la mano de las muchachas a las que pasean en sus coches y, al tiempo que cumplen todos sus caprichos, les hacen sentirse voluptuosamente dominadas por sus hombres.

Lo cierto era que Ulrich siempre le besaba la mano para saludarle, cuadrándose ante ella en un saludo militar, y que, por mucho que nosotras intentáramos encontrarlo anacrónico, no dejábamos de verlo como algo natural. Cubierta con un vestido largo blanco de interminable abotonadura y sentada en el columpio del jardín, Fátima veía acercarse a Ulrich que dentro de un instante le besaría la mano, como si la vida fuera en efecto una película en la que sólo sucedían cosas deliciosas.

Le hubiera resultado difícil explicar a la gente cómo se habían conocido. Hasta que se encontraron juntos en la cama de matrimonio de los padres de Werner, aquel chico moreno no le había llamado en absoluto la atención. Se la llamó en la gran cama —no redonda, sino perfectamente rectangular—, donde todos nos alineamos como arenques en un bocadillo. Las chicas en el centro, espalda con espalda, como un jugoso paté, y los chicos en los bordes del lecho, como ese pan que a veces se desmigaja. Siempre he sospechado que Fátima y Werner habían tenido algo que ver en Toulouse, algún romance a mis espaldas. Nunca he podido saberlo y ahora ya no importa. Puede que me equivoque, pero sé que si Fátima hubiera podido elegir, hubiese escogido el lado de Werner porque siempre le gustaron los rubios, porque Werner era rubio, y también le gustaba, y porque tenía una calidez de oso de peluche que lo convertía en el tipo de persona que a cualquier chica le gusta tener al lado en la cama cuando hay dos personas más. Yo fui más rápida y ella se vio escoltada por un tipo al que jamás había visto en su vida antes de aquella fiesta, y con el que ni siquiera había hablado antes de dormir con él.

No debieron de dormir mucho. Ulrich nos propuso que hiciéramos *la cucharita*, la espalda de unos amorosamente recogida en el pecho de otros. Pero, mientras Werner y yo pronto nos quedamos dormidos en una espumadera feliz, la pareja morena se siguió peleando por el edredón toda la noche. O mejor dicho, todo el amanecer. El chico desconocido intentó además llevar *la cucharita* a extremos que ella se vio obligada a rechazar a codazos. Así empezaron a conocerse. En algún momento —me contó— ella se quedó dormida y se despertó cuando él la arropaba. Al parecer, nosotros intentábamos apropiarnos del edredón y ellos establecieron una extraña solidaridad, cómplices como eran en la tarea de equilibrar las posesiones y que todo el mundo tuviera edredón en aquella cama. Ulrich y ella tiraban desesperadamente para atraerlo a su lado de la cama, pero luego uno de nosotros tiritaba y ellos acudían raudos a proteger del frío a los *amantes dormidos*, como nos habían bautizado entre susurros.

Cuando alumbró el sol del mediodía, incapaces ya de dormir, decidieron levantarse, y era como si se conociesen de toda la vida. Les unía el insomnio compartido y una cierta superioridad de buenas personas frente al egoísmo glorioso de nosotros, los durmientes.

Ulrich desapareció tras las puertas de cristal y volvió enseguida para ofrecerle un batín de seda con gesto de perfecto mayordomo. Luego regresó con un zumo de naranja recién hecho y, cogiéndola de la mano, abrió la cristalera que separaba el dormitorio de la piscina.

—No voy a mirar —le dijo—. Y tampoco hay nadie más.

Los amantes rubios dormíamos felices, abrazados en sueños. Ulrich se sentó de espaldas y comenzó a fumar una pipa que había sacado de algún lugar misterioso.

—De nada sirve tener la piscina, si luego no nadas en ella.

—De nada sirve ser rico si no desprecias el dinero —le dijo Ulrich con una expresión muy seria. Parecía que actuaba para un público invisible. Tal vez actuaba para ella.

Aquél fue el primer día en que nadó desnuda en la piscina para acabar de despertarse.

Siempre le encantaría nadar sola en la gran piscina, abierta sólo para ella, y aquello una vez más iría en contra de sus principios: las piscinas públicas eran el símbolo de todo lo que ella creía, la posibilidad de que todo el mundo pueda nadar todos los días como los ricos; pero las piscinas públicas eran también la negación de sus ideales, nada más cruel que la lucha por la vida en una piscina con las calles llenas de gorros de colores que se empujaban y se daban patadas, y acababan siempre apartándola a un lado, incapaz como era de dar los empujones más fuertes para conseguir un espacio para ella. Por eso —pensaba— los ricos tienen mejor carácter, porque desde niños no tienen que luchar para poder seguir nadando: están solos en la gran piscina de la vida, y cuando salen del agua, sonríen.

Él también sonreía aquella primera mañana, tendiéndole el albornoz para que ella saliese presurosa del agua, huyendo del jardín que se iba llenando de una pequeña muchedumbre de supervivientes de la noche.

Instantes más tarde sólo se oían mis gritos. Los cuatro forzudos vengadores volvieron a la carga. Me despertaron a la fuerza. Me alzaron en vilo y amenazaban con arrojarme —como de hecho hicieron— en pijama a la piscina, sin darme tiempo a acabar de despertar. Todavía no me habían perdonado mi recato de la noche anterior, pero al menos mis chillidos despertaron a todo el mundo, en una casa indolente y bostezante, donde los más dispuestos encendían una barbacoa de despedida bajo los árboles.

A lo largo de la tarde, los coches aparcados frente a la entrada principal rugieron uno a uno y se fueron para siempre, desplazando con sus neumáticos la grava del pequeño patio. Nosotras ni siquiera nos dimos cuenta: la inminencia de nuestra propia partida se mezclaba con la lasitud del día después de la fiesta, y no nos dejaba ver más allá de nuestra propia melancolía.

Era el fin del Planeta Erasmus. El pequeño planeta de las becas europeas donde yo había vivido un tiempo donde no importaba tu lengua materna ni el trabajo de tu padre. Ese planeta en el que los europeos nunca nos habíamos matado los unos a los otros.

Durante un tiempo habíamos cambiado de país como quien cambia de vestido y ahora nos obligaban a aceptar quiénes éramos, a ser de un solo lugar y vivir una única vez un tiempo limitado.

Al oscurecer apenas quedábamos en aquella casa Werner, el muchacho que se parecía a Napoleón, Fátima y yo.

Tan sólo Werner parecía animado, hablando sin cesar de su partida a los Estados Unidos para trabajar en la Nasa: el trabajo de su vida y el motivo de aquella fiesta de despedida con todos los amigos de antaño. Ulrich y nosotras dos permanecíamos silenciosos: la exaltación de la noche anterior se iba convirtiendo en un estupor sordo.

Al día siguiente cada una de nosotras regresaría al lugar de donde venía, que no era nuestro lugar de origen, apenas nuestras ciudades de asilo, y decidieron organizarnos una despedida digna de dos oficiales prusianos.

Werner y Ulrich eran oficiales de la Bundeswehr, tan sólo porque como muchos universitarios que hacían en aquel entonces el servicio militar obligatorio, habían preferido ganar algún dinero inscribiéndose en un cuerpo superior. Sin embargo les encantaba presumir de su condición de oficiales, que tenía algo de noble y algo de decadente, como la vida en Heimat.

Nos invitaron a cenar en un restaurante-museo. El lugar se llamaba Rosenstein, y lo único que tenía de museo era que servían la comida en unas cacerolas cubiertas de cadenas y cerradas con un candadito de oro: simbolizaban la comida del prisionero. Heimat había sido una ciudad-prisión desde finales de la Edad Media. En las paredes se veían grabados que representaban las antiguas fortificaciones de la vieja cárcel, con los canales que se habían conservado hasta nuestros días. En los años setenta habían establecido allí una prisión de alta seguridad ocupada en su mayor parte por miembros de las Brigadas Rojas y algún terrorista libio despistado. Ulrich había trabajado una temporada en la prisión como jefe de los complejos sistemas informáticos de seguridad. La semana anterior un recluso había conseguido escapar secuestrando a un ingeniero, se había refugiado en la clínica del médico local y dado muerte a toda la familia antes de ser abatido por las fuerzas especiales.

Ninguna de nosotras había visto los canales y nos costaba creer que en aquel lugar idílico, con casas de campo estilo Tudor, como huidas de un cuento de hadas, se escondiera una prisión.

—Y eso no es lo peor. También quieren construir un refugio para demandantes de asilo, a la misma entrada del pueblo. ¿Te imaginas a tu madre haciendo cola en la tienda detrás de una gitana rumana, Ulrich?

Nadie le respondió. Al día siguiente, Fátima regresaría a su *chambre de bonne* debajo de un tejado de París y yo volvería a la casa paterna en las afueras de Stuttgart. Werner se iría a los Estados Unidos y a Ulrich no volveríamos a verle.

—Después de todo —susurró Fátima a mi oído—, la juventud es más corta de lo que pensaba.

Esa noche las dos chicas dormimos solas en la cama de los padres de Werner, que viajaban por México sin sospechar que su lecho no descansaba ni un solo instante. A media noche se nos unió Werner, como un osado ladrón o más bien como un niño asustado. La casa era demasiado grande para dormir solo.

—Después de todo —susurré al oído de Fátima—, no merece la pena pensar mucho en ello. Pronto se habrá terminado.

4

Al día siguiente Fátima se despertó con una voz airada que hablaba por teléfono sin reprimir los gritos. Miró el reloj, eran ya las diez.

Había pensado que nunca volvería a ver a Ulrich. Pero aquella voz sonaba como si fuera la suya. No pudo esperar para averiguarlo. Corrió hacia el *hall* en busca de la fuente de aquellos gruñidos matutinos. Se sentía tan nerviosa que no se dio cuenta de que estaba en camisón.

Era él.

Mientras nos servía unos huevos revueltos, nos explicó que había pedido permiso para enseñar a una importante economista española las ciudades de Weimar y Eisenach, en lo que antes había sido la República Democrática Alemana.

—Pronto no se sabrá que hubo otra Alemania. Ni Este ni Oeste, sólo Deutschland. Y como la señorita es especialista en historias del Este, ahora no puede irse de ningún modo.

Era cierto: aunque ahora no recordáramos que se lo hubiera explicado a Ulrich, el trabajo de fin de carrera de Fátima había sido sobre la propiedad en la antigua República Democrática Alemana.

Mi abuela era propietaria de ocho casas en distintas ciudades del Este, algunas de ellas sobre la plaza del Mercado. En ese momento las autoridades del Oeste —las únicas autoridades— se ocupaban de devolver las propiedades a sus antiguos dueños, sus dueños anteriores a 1945. No había problema con aquellas que habían sido nacionalizadas por la República Democrática Alemana: aunque otras personas hubiesen vivido allí durante años, pertenecían a sus primeros dueños o más probablemente a sus nietos. Todos los días los diarios publicaban la noticia de algún pobre diablo que se había colgado porque le obligaban a dejar su casa.

La situación era bastante más complicada para las propiedades que habían sido nacionalizadas durante la ocupación rusa, como las de mi familia. En la mayor parte de los casos las expropiaciones se habían realizado bajo la acusación de ser miembros del partido nazi. Parecía que eso era lo que había ocurrido con el marido de mi abuela, fusilado bajo la acusación de pertenecer a las SS. No obstante, mi padre lo negaba. Juraba y perjuraba que su padre sólo se había inscrito en el partido nazi por ser el alcalde del pueblo: en aquellos tiempos todas las autoridades debían inscribirse en el partido.

El caso es que le pedí a Fátima que hiciese su tesina sobre esta cuestión. En primer lugar, porque ella podría ayudarnos poniendo en orden toda la documentación que los abogados de mi padre habían reunido, y en segundo lugar porque confiaba en que la chispa indisciplinada de mi amiga prendiese en algún argumento improbable pero salvador, que me permitiese definitivamente —¿por qué no reconocerlo?— vivir sin trabajar y sin temor a tener que hacerlo.

En aquellos momentos todo dependía de una decisión del Tribunal Constitucional de la República Federal, así que todos los desvelos habían sido en vano. Fátima había hecho un buen trabajo, tan bueno que la familia de Werner lo había oído comentar, y Ulrich se había dado cuenta de que la española que había escrito cien brillantes folios sobre el Este de la nueva Alemania, nunca la había pisado.

—Pero tú tienes que trabajar, no tienes tiempo para llevarnos de visita turística...

Él la miro con una firmeza cercana a la insolencia. Se notaba que no encontraba la palabra en inglés.

—Tus deseos son órdenes para mí. Y voy a realizarlos —la frase resultaba menos anacrónica que su gesto.

—Tú eres ahora mi trabajo —Ulrich hablaba como si se dirigiese a un gran auditorio, pero creo que sólo Fátima le tomaba en serio—. Te concederé todos tus deseos

—¿ Y si yo no quiero?

—No tienes que querer. Es una orden.

Salió corriendo hacia la puerta principal y su flequillo se agitó de un modo que le hizo parecer por un momento mucho más joven.

Al cabo de una inmensidad de segundos se oyeron desafinados toques de claxon en la mañana por estrenar. Daba la impresión de que se había sacado el coche del bolsillo, tal era el aire casual con que lo exhibía delante de nosotras que abríamos mucho los ojos, con las legañas aún sin despegar, como los recién nacidos.

—No es mal coche para alguien que vive de su trabajo —dijo Werner, cerrando de un portazo la puerta de la casa.

Werner era un hombre al que le desagradaba ganar de igual modo que a otros les desagrada perder. Ganar era algo de mal gusto. Algo demasiado obvio. Los pobres y los pobres hombres necesitan ganar todo el tiempo. Saber perder es de aristócratas, para los que la victoria es un lujo y no una necesidad. No obstante, con los años he observado que Werner gana casi siempre.

Nunca hubiera conducido un coche que pudiera llamar la atención. Era él quien había convencido a Ulrich para usar aquel coche y no los cochazos estridentes por los que luego se haría famoso. Aun así se trataba de un Mercedes descapotable de último modelo. No parecía nuevo. Parecía eterno.

Recordé que Fátima había estado a punto de trabajar en la fábrica de Mercedes aquel verano antes de que la irrupción de trabajadores del Este alejara las posibilidades de trabajos de estudiante muy bien pagados. Sin duda era el signo de los nuevos tiempos.

Werner estaba en mangas de camisa. Los perros de la casa se le unieron ladrando con desconsideración y saltando hacia él, que se apartaba sonriendo sin que se acabara de saber si jugaba o si estaba siendo atacado.

Fátima preguntó si alguien había cogido las llaves, temiendo que Werner las hubiera olvidado, saliendo como había salido en un pantalón corto que lo mismo podía ser un pijama que un calzoncillo. Eso carecía de sentido en una casa como aquélla. De todas formas, quitándole importancia al asunto, Werner replicó:

—Mirta y los demás criados ya lo habrán recogido todo cuando regresemos.

Bajamos la capota del coche para sentir el aire fresco en la cara, un aire que conforme nos acercábamos al Este se envolvía en nubes cada vez más grises.

Siempre había oído decir que el Este era gris, y de pequeña había pensado que se trataba de una metáfora. Pero no, el Este era efectivamente muy, muy gris, con ocres paredes y desdibujados edificios. Los colores desaparecían en la niebla y la atmósfera resultaba pesada y grisácea.

—Son las calefacciones de carbón —le expliqué a Fátima, que también miraba aquel cielo como sorprendida—. Y queman el carbón con más sulfuros de toda Europa.

En aquel paisaje difuminado los hombres y mujeres también parecían grises. ¿O lo eran sólo sus ropas? No, también sus caras parecían más ectoplasmas que rostros. ¿O era quizás la velocidad del coche la que los difuminaba con su estela?

Cruzamos Eisenach sin detenernos. Y decidimos almorzar en el castillo de Wartburg, donde Lutero había vivido y arrojado la famosa mancha de tinta a la pared por la que cruzaba el diablo. La mancha estaba todavía en la pared. De Lutero sólo quedaba el nombre. El diablo tampoco estaba allí: había extendido sus dominios y ahora estaba en todas partes.

El lugar era magnífico y se hallaba magníficamente conservado.

—Es lo único que les preocupaba: la historia y la cultura.

—Mejor las historia y la cultura que las hamburguesas y las tragaperras —repuso Fátima.

—Al menos las hamburguesas pueden comerse; la historia, no —afirmó Werner mientras devoraba un solomillo con salsa de queso azul.

—No estés tan seguro —dijo Ulrich mordiendo con fruición una salchicha mientras miraba a Fátima lascivamente.

El castillo no era gris, en absoluto; claro, que había sido construido antes del comunismo.

Comíamos a la sombra de los árboles de aquel bosque que tal vez había visto pasear a Lutero.

—Tú eres católica, ¿verdad?

—En España todo el mundo es católico.

—Aquí es raro, aunque depende de la región. Pero recuerdo que en el colegio a veces nos peleábamos católicos contra protestantes.

Alguno de los presentes se vio obligado a demostrar que los ingenieros también estudiaban Historia.

—Y, sin embargo, eso provocó una vez la Guerra de los Treinta Años.

—Bueno, aquí, en Europa, todos hemos guerreado, los unos contra los otros y los otros contra los unos. Supongo que los alemanes y los españoles nos entendemos tan bien porque casi siempre nos tocó luchar juntos. Al fin y al cabo tuvimos un emperador a medias.

Parecía increíble que dos pueblos tan diferentes pudieran tener nada a medias.

—Sí, un emperador que decía: «el inglés es la lengua para hablar a los caballos, el francés es bueno para los diplomáticos, el italiano para hablar con las mujeres y el español, el español es para hablar con Dios en el Cielo» —recordó Fátima en español.

—¿Y no decía nada del alemán? —le pregunté a Fátima mientras traducía del alemán al inglés la conversación, que iba ahora demasiado deprisa, de manera que no hacía más que girar la cabeza desesperadamente como si fuera la espectadora de un partido de tenis invisible para los demás.

—No, porque era su lengua materna, junto con el holandés. Nuestro Emperador español era alemán y al poco de llegar a la Península se encontró con una Revolución en Castilla porque no sabía hablar español: mataron a los comuneros y luego les hicieron monumentos. Él dijo sus frases sobre España y todo arreglado.

Me había cansado de traducir y seguí hablando en inglés, intentando dar algún tipo de ejemplo. Werner comía ávidamente lo que se suponía que era una exquisitez local. Ulrich y Fátima se alimentaban de sus propias palabras:

—Yo creo que Carlos V fue el primer turista del Norte que se enamoró de España —argumentó Fátima—, no del país real, sino de lo que él quería ver en él. Todos lo hacemos con los lugares que no son nuestra patria. Puesto que los hemos escogido y el lugar de nacimiento no podemos escogerlo, les escogemos también las verdades que quisiéramos que tuvieran: eso es lo que he hecho yo con Alemania. Y por eso la amo sin conocerla en absoluto. Y, cuanto más la desconozca, más la amaré.

Había hablado durante demasiado rato y acababa de darse cuenta de que yo ni siquiera lo había traducido. No le di oportunidad de pedirme que lo hiciera: con un gesto de impaciencia, y acaso maleducado, me levanté y me dirigí hacia el coche. Me resultaba difícil comprender que alguien tan cercano a mí como Fátima apenas entendiese la lengua que me era más familiar. Debe haber una parte del cerebro donde están esas cosas que no podemos olvidar: la lengua materna y los amigos del corazón. Tal vez porque había sido trilingüe desde muy pequeña, siempre me había admirado que alguien sólo oyera sonidos absurdos donde yo percibía palabras, y a menudo, tratando de comprenderlo, había imaginado que quizás también el rumor de las fuentes y de los pájaros tuviera algún significado, sólo que a nadie se le ocurría descifrarlos.

La tarde empezaba a decaer con dulzura cuando llegaron a Weimar. Aparcaron frente a la terraza del hotel más lujoso de la ciudad y Fátima pidió dos grandes helados, tan enormes que parecía que no teníamos tarde bastante para acabarlos.

Weimar parecía una ciudad dormida, una ciudad donde alguien hubiese detenido el tiempo durante cincuenta años, o mejor, la capital de un reino desaparecido que hubiese quedado encerrada en medio de un bosque mágico, inmóvil durante siglos como resultado de un hechizo. Y nosotros nos sentíamos como los descubridores de un imperio sepultado en el olvido, mientras recorríamos las calles aquietadas y los edificios decadentes, tal y como los abandonaran sus propietarios huyendo precipitadamente de un desastre bíblico.

Weimar estaba lleno de hermosos edificios: venerables construcciones que se caían a pedazos, algo casi insospechado en un país donde los bombardeos apenas habían dejado nada que tuviera más de cuarenta años, aunque tampoco estaba muy claro que Weimar fuese Alemania.

Ulrich se cuadró militarmente y taconeó para ayudar a Fátima a levantarse. Werner hizo lo mismo conmigo, y una vez más fue como si el tiempo hubiera retrocedido. Casi podíamos ver los uniformes de húsares de los dos muchachos.

Ulrich debía encontrar aquel paseo, por la avenida desierta arropada por árboles oscuros y blancos palacetes, especialmente solemne, porque fue entonces cuando se lo dijo a Fátima:

—Merecerías haber nacido rica. Yo quiero concederte todos los deseos, todo lo que me pidas. Y recuerda que los alemanes sí hacemos lo que decimos.

—Pero nos iremos mañana...

—No, no os iréis mañana, porque yo no quiero.

—Y ¿después?

—Después invertiré en ti, porque eres un valor en alza.

La tarde, después de agonizar con pereza, se había agotado del todo. Las llamas del crepúsculo semejaban las luces de un bombardeo.

Era uno de esos momentos en que me hubiera gustado parar el sol y hacer que el tiempo no corriera tan deprisa, pero me di cuenta de que la vida sólo era posible mientras el tiempo siguiera corriendo tan deprisa. Los muertos eran los únicos que tenían el tiempo parado. Los únicos a los que les daba igual un minuto o mil años. El tiempo era la vida, pero la vida corría deprisa y alegremente hacia la muerte.

El viaje de regreso fue una caravana extraña en la que Ulrich conducía sólo con una mano. Necesitaba la otra libre para acercarse a Fátima. Acabó pidiéndole a Werner que condujera. Y él se sentó con ella en los asientos traseros del coche para masturbarla.

5

HAY PERSONAS A QUIENES UN PSICÓLOGO DEMAsiado hábil impidió suicidarse cuando aún eran jóvenes, sólo para que diez años más tarde asesinasen a su mujer y a su hijo y se arrojasen por la ventana.

Hay quien, como Fátima, cree que alguien murió en su lugar sólo para que ella pudiese hacerlo de otra manera y en otras circunstancias.

Al menos a ella le gustaba creerlo así: ya hacía mucho que prefería engañarse, si las mentiras eran más hermosas que la verdad que no quería adivinar.

Cuando era niña estuvo convencida durante más de dos semanas de que la vida no existía, y por lo tanto la muerte tampoco. Le invadió la certeza de que un ser perverso y superior proyectaba una película con algún sofisticado proyector en muchas dimensiones. Y todo lo que parecía suceder sólo sucedía en su mente. No había manera de convencerse de lo contrario, puesto que no tenía certeza alguna de la existencia de los otros; acaso sí de la suya, pero los demás no tenían por qué ser reales por mucho que uno pudiese oírlos o tocarlos. También en los sueños creía a veces todo lo que estaba ocurriendo, y para convencerse los tocaba y los mordía, y ellos la tocaban y la mordían a ella, y el placer y el dolor eran tan reales como cuando estaba despierta, y cuando abría los ojos ya no confiaba en la existencia de nada que su cerebro pudiera fingir tan fácilmente. Desde que llegó a la casa de Werner —me confesó— había vuelto a tener esa sensación, pero tampoco le importaba que no fuera cierto. Si estaba ingresada en un manicomio o si todo aquello no sucedía de verdad, valía la pena jugar a creérselo todo. No había mal en ello, ya muchos años atrás había elegido creer en todo para poder seguir viviendo.

Hasta que decidió despertar.

—Quiero irme —me dijo Fátima al abrir los ojos—. Tengo que irme.

—¿Por qué? —dije yo y pensé: «Ulrich hará cualquier cosa ahora. Cualquier cosa para conseguirla a ella y para complacerme a mí».

—Tengo que irme, necesito irme, quiero irme —insistía Fátima.

Un día más, unas horas más, un poco más, le replicaba yo.

No tenía ninguna prisa en acabar la fiesta. No quería irme de allí, decidir sobre mi vida, hacerme mayor.

—Sólo un poco más.

—Si no me voy ahora, no podré irme nunca,

No le respondí y me pareció una niña estúpida. Hermosa y estúpida, incapaz de digerir lo bueno de la vida y escupir lo malo.

—Tienes que quedarte un poco más, tienes que darme una oportunidad con Werner. Hazlo por mí —le dije, y le tapé la boca con un beso.

No quería que acabase la fiesta, y la fiesta duraría todo el tiempo en que Ulrich siguiese empeñado en conseguir a Fátima.

Eran las doce de la mañana y habíamos desayunado champán y caviar. Como todos los días. Empezábamos a desear que se acabasen los restos de la fiesta. No sabíamos si el mejor desayuno era café con croissants o bacon, queso y cereales, pero estábamos seguras de que no sería tan peligroso como alcohol con huevas de pescado.

Ulrich nos había enseñado a comerlo. Caviar dorado, el mejor y el más caro. Como si trocitos de sol se hubieran caído en el mantel. Nos enseñó a comerlo con las manos, poniéndonoslo unos a otros sobre la piel.

—Tiene que adquirir la temperatura del cuerpo.

También nos enseñó a chuparlo con los labios ávidos, directamente de la piel un poco salada en las mañanas del otoño alemán. Colocaba un poco de caviar dorado en el hombro de Fátima, justo donde termina el cuello y empieza el brazo. En el lugar donde muerden los vampiros. El lugar del placer.

—Cuando dejes de sentir el frío del caviar es el momento de comerlo.

Las gotas doradas parecían joyas en el hombro de Fátima y Ulrich lo lamía con una lengua perezosa y feliz, mientras Fátima sentía un escalofrío.

El caviar en la piel del otro sabía a mar y a delicias lejanas. No se parecía a nada que Fátima hubiera probado antes; ni siquiera yo misma había probado algo tan bueno como el caviar en el hombro de la española y un trago de champán un poco amargo como el pasar del tiempo.

—El caviar tiene que tomarse por la mañana, cuando la boca está un poco amarga y la piel salada del sudor y el sueño: por eso se debe desayunar caviar, aunque sea un placer reservado a muy pocos —añadía Ulrich.

Los ojos le brillaban. Parecía el profeta de una nueva religión:

—Dios no expulsó a todos del Paraíso. A los ricos se limitó a cobrarles el alquiler.

Y ese alquiler debía ser el peso de Fátima en caviar, pensé yo.

Ulrich nos había contado que la hembra de esturión había tenido que vivir dieciocho años en un agua perfecta para fabricar aquellas huevas, y los hombres habían esperado el momento justo durante años, el día antes de que desovara, para robarle su carga de huevos de oro.

—¿Y la hembra muere siempre? —preguntó Fátima

—Sí, la hembra tiene que morir para dar lo mejor.

Puse un poco más de caviar en el hombro de Fátima, que parecía cansada. Todos tomábamos el caviar de su hombro, pero ella lo tomaba sólo en el dorso de su mano. Quizá pensara, como todos nosotros, que no había allí otra piel como la suya, una piel color de arena, que sólo parecía oscura cuando se encontraba con mis manos.

Así transcurrió la jornada, indolente y morbosa. Por la noche cenamos en casa a la luz de las velas *die kerze*, que los alemanes consideramos no sólo un decorado romántico, sino el acompañante obligado del vino.

Fumamos cigarrillos largos que nadie encendió en las velas, porque cada vez que se hace muere un marinero, según dicen en Heimat.

La luz era tan escasa que era inútil mirar los rostros para adivinar los pensamientos. La verdadera luz era la que venía del jardín, no se sabe si de los focos cuidadosamente escondidos entre los helechos o de la luna, aún medio vacía.

Bebimos mucho vino del Rhin, todos salvo Fátima, que ni bebía ni probaba bocado. Tal vez pensaba en algún amor lejano. Como a muchas gentes del Sur, el pelo negro le hacía parecer más vieja, o quizá fuese a causa de su mirada miope y melancólica. Pero cuando sonreía, su rostro seguía siendo el de una niña.

Ulrich no podía dejar de mirarla. Soplaba ansioso el humo de su cigarrillo para que no levantase una pantalla entre los dos, pero el humo volvía a envolverlos una y otra vez.

Aproveché uno de aquellos momentos para llamar a Ulrich aparte. Salimos un momento al jardín.

—Te apuesto lo que quieras a que no puedes acostarte con ella. Puede que incluso sea virgen —le susurré al oído.

Ulrich me dio una bofetada, tan suave que no la sentí; luego hizo amago de besarme, pero tampoco fue un verdadero beso. Ulrich siempre actúa para un público invisible. Cuando hace algo de verdad él es el primer sorprendido.

El día que Ulrich dejó de creer en Dios comenzó a creer en sus pequeños demonios internos. No podía seguir así, necesitaba aferrarse a algo. Y tras algunos años de veleidades idealistas, trabajo por los derechos humanos y búsqueda del yoga de la vida, se encontró por fin con que el sexo era lo único que le ayudaba a seguir viviendo.

El amor o el sexo, o los dos juntos si era posible, era el único dios doméstico, el único diablillo que lograba llenar por completo su mente y hacer que la muerte pareciera un poco más lejana y a veces inexistente.

Y sin embargo estaba turbado por el deseo que sentía por la pequeña española, que ni siquiera hablaba su idioma.

Creo que estuvo a punto de preguntarme en varias ocasiones si creía que podría conseguirla con facilidad, pero no lo hizo: deduzco que temía tanto que le contestara que sí como lo contrario.

Además una verdadera mujer es la más fácil cuando alguien le gusta, y la más difícil si alguien le es indiferente. Sospechaba que quizás a ella él le fuese indiferente, pero eso no hacía más que aumentar su excitación.

Había decidido que se casaría con Eva en la primavera. Su amigo Werner solía decirle con ironía que a Ulrich le gustaba el matrimonio porque estaba firmemente decidido a ser infiel.

—Eres como alguien que va a comprar una casa que no piensa pagar: no regatea el precio porque, por muy cara que resulte, no tiene intención de hacer semejante desembolso. Como tú tampoco vas a pagar el precio del matrimonio, te interesa casarte cuanto antes: para incumplir las reglas necesitas una coartada.

—Ya. Quieres decir que soy como aquel marqués que, después de un largo y desgraciado matrimonio, se quedó viudo y le dijo a su mayordomo: «He de casarme enseguida». El mayordomo le respondió: «¡Pero si el señor ya tiene bastantes mujeres!», a lo que el aristócrata contestó: «Sí, tengo muchas mujeres. Pero, si no me caso, ¿cómo voy a tener una querida?».

Werner era su mejor amigo, pero también un especialista en nadar y guardar la ropa. Ya lo dije antes: era una de esas personas que no se asoman a la ventana por muy grande que sea el tumulto que oigan en la calle.

Ulrich se asomaba siempre. Pero no deja de sorprenderme el hecho de que las personas más próximas a él estuviesen tan alejadas de su temperamento. La mayor parte de las veces lo que le había unido a otros seres eran meras coincidencias. Eva, su prometida, no llegó a ser una coincidencia; fue una causalidad.

Eva no era bella, pero tenía una de esas voces que hacen que las palabras pronunciadas sean indiferentes. El oyente sólo puede recordar su música. Todos los hombres que permanecen al lado de una mujer lo hacen porque ésta tiene algún poder extraño sobre ellos que normalmente revela más una manía que un sentimiento. Ulrich quería casarse con Eva porque era la única mujer a cuyo lado podía dormir tranquilo. Más aún, sólo podía dormir con ella a su lado: si por cualquier razón dormían separados, le resultaba imposible conciliar el sueño, y cuando lo hacía tenía pesadillas. Antes de conocerla tomaba pastillas para dormir. La primera noche en que durmieron juntos tras un acto sexual del que lo menos que podría decirse es que no resultó demasiado satisfactorio, Ulrich había decidido despedirse educadamente al alba y procurar no verla nunca más. Pero ella le abrazó y él se quedó dormido profundamente sin que tuviera tiempo siquiera de darse cuenta. Como ella estaba enamorada de él, Ulrich volvió a probar la noche siguiente para ver si el fenómeno se repetía. De nuevo se durmió sin poder recordar sus sueños.

Así fue cómo uno de los donjuanes del Instituto Politécnico se fue a vivir con aquella chica gordita. Un día le habló a Werner de la extraña magia de Eva y, a partir de entonces, Werner no volvió a nombrarla por su nombre: la llamaba *la mujer valium.*

Llevaban ya casi diez años juntos, aunque no vivieran juntos de modo oficial, sino que cada uno tenía casa, coche y perro propio.

A pesar de la tranquilidad de sus noches, desde que vivía sin vivir con Eva le asaltaba con más fruición la necesidad de enamorarse de otras mujeres. No lo hacía a menudo, porque la mujer adecuada tampoco solía presentarse con tanta frecuencia, pero cuando lo había hecho, la había gozado de forma intensa. No había conseguido dormirse junto a ninguna de ellas, a pesar de que lo había intentado a menudo, y recordaba sus esfuerzos por ver los rostros de sus amantes en la oscuridad esperando al sueño que no llegaba.

Era un cazador. Pero no le gustaba cazar. Le gustaban las piezas. El juego amoroso en sí mismo le parecía un trabajo penoso. En cambio, adoraba encontrar ejemplares diferentes que satisfacían su insaciable curiosidad por la diversidad humana. Enamorarse era descubrir cada vez una mujer distinta que le revelaba algo de la vida que él desconocía hasta entonces, y que al final era siempre la misma mujer: otra Eva junto a la que quizás con algún esfuerzo hubiera conseguido dormir.

Era por todo eso que había insistido hasta convencer a su amigo Werner para que durmiesen todos juntos en la gran cama. Le gustaban los experimentos, quería saber si podría dormir junto a aquella mujer morena, que ya le gustaba pero a la que aún no había tocado, en compañía de más gente. Tenía la superstición de que dormir con otra persona modifica los propios sueños. Pensaba que los viejos matrimonios empiezan a parecerse al cabo de los años a causa de todas las noches de proximidad, en las que sus ideas se han intercambiado y sus corazones se han acostumbrado a latir al mismo ritmo. De ahí su interés en dormir con otras cuatro personas. Pero las circunstancias fueron tales que no estaba seguro de haber podido dormir incluso aunque hubiese sido Eva la que se acostara a su lado.

Y ardía en deseos de tener a la española en su lecho, no sabía muy bien si para dormir o para no hacerlo.

Volvimos al salón. Fátima y Werner seguían hablando y no parecían haberse dado cuenta del tiempo que habíamos pasado en el jardín. Me ofendió un poco que Werner ni siquiera alzara la cabeza al verme entrar.

En aquella casa ni Ulrich, ni Werner, ni yo, llevábamos reloj. Supongo que éramos personas que queríamos negar el tiempo. Fátima tampoco. Sólo Eva llevaba un precioso reloj de platino con pequeños brillantes. Se lo había regalado Ulrich, para que ella fuera la dueña de su Tiempo.

Ninguno de mis amigos lleva reloj. No escojo a mis amigos por ello. Ni siquiera me fijo en ese detalle cuando los conozco, pero luego resulta que ninguno lleva reloj. Estamos en contra de las horas que pasan. Para no perder el tiempo, perdemos los relojes.

No tener reloj te obliga a estar todo el día preguntando qué hora es. La mejor manera de conocer gente nueva.

Se lo cuento a Werner para hacerme la interesante. Él no me escucha. Parece absorto. Quizá para no pensar demasiado decidió abrir otra botella de champán. Ulrich está de acuerdo, aunque como siempre discuten la marca. A menudo les decía que eran de esas personas para las cuales discutir qué champán es mejor, si Veuve Chandon o Dom Perignon, constituye lo más apasionante de su vida.

—¿Cómo podemos estar aquí tomando copas que cuestan más que todo lo que gana un obrero al mes en Sri Lanka, fumando cigarrillos que valen lo mismo que la vida de una viuda india, pagando comidas que son el equivalente al ingreso anual de una familia de cuatro personas en Birmania? —Fátima era más guapa cuando se ponía triste.

—Porque es divertido —respondió Werner.

—Os contaré una historia —dijo Ulrich—. En uno de los países más pobres de África se descubre una planta con un poder nutritivo tan alto que basta una cantidad pequeñísima para saciar el hambre de diez niños. Es una planta maravillosa. No necesita casi agua. Puede crecer en todas partes. En los suelos más pobres. En los desiertos. Su descubridor piensa que ha acabado con el hambre en el mundo. Entonces una multinacional farmacéutica se interesa por la planta. Sus científicos descubren que no sólo es capaz de acabar con la malnutrición sino que tiene un efecto secundario. Elimina las grasas sobrantes y la celulitis. Consumiéndola regularmente se puede estar bien alimentado y además en forma. Inmediatamente registran la patente. La planta comienza a venderse en Europa y América a precios exorbitantes. Los cultivos son vigilados por hombres armados que impiden que los lugareños puedan robar unas hojas para comer. Los africanos no pueden comprar la planta y saciar su hambre porque es demasiado cara para ellos.

—La planta que hubiera debido acabar con el hambre en el mundo, sólo ha acabado con la celulitis —dije.

—¿Pero eso ha pasado de verdad? —preguntó Fátima.

—Todavía no.

Fátima también contó una historia. Nos había sucedido a ella y a mí. Estábamos en un restaurante de Barcelona. Era un lugar que se había puesto de moda y estaba lleno de gente guapa y de parejas jóvenes. Comíamos nuestro *carpaccio* con deleite, cuando un negro gigantesco y harapiento entró y se puso a mirar desesperado a las mesas. Se llevó las manos a la boca. Por desgracia todo el mundo había acabado el primer plato y estaba esperando el segundo. Hablaba inglés. Había visto desde fuera gente comiendo y pensaba que aquel debía de ser un lugar donde conseguir comida. Pedía a la gente lo que les sobraba de sus platos pero a la gente no le había sobrado nada.

Era uno de esos restaurantes de *nouvelle cuisine* donde las raciones son exiguas. Fátima le tendió lo poquísimo que quedaba de su carpaccio y salió con él a la calle a comprar de comer. Tenía aspecto de haberse bajado de la patera pocas horas antes. Le habían dicho que Europa estaba llena de cosas buenas de comer y era cierto. Pero no le habían dicho cómo conseguirlas.

Como la melancolía parecía escaparse del rostro de Fátima y esparcirse por la habitación, subieron el volumen de la música de Wagner.

—Todos los grandes músicos han sido alemanes —recordó Werner.

—Y los grandes filósofos —repuse—. No ha habido muchos filósofos en España… ¡Demasiado calor! —añadí para integrar a Fátima en la conversación.

Pero ella no contestó.

—El pensamiento está en el Norte —aprobó Ulrich—. Los placeres, en el Sur.

Fátima frunció los labios. No quería discutir.

—Muchos siglos antes de que existiese Alemania, en la ciudad de Córdoba, en al-Andalus, discutían los mejores filósofos de aquella época en lo que fue la más importante universidad del mundo. El esplendor viaja constantemente del Norte hacia el Sur, unos siglos acá, otros allá, es nómada y se cansa pronto de los lugares que visita, pero siempre vuelve —Fátima había hablado en francés, porque las ideas le parecían demasiado difíciles de expresar en inglés, y ahora me miraba con ojos suplicantes para que tradujera.

En algún momento había perdido el hilo de lo que Fátima argumentaba. Traté de sintetizar su encendido discurso en un resumen que a Fátima debió parecerle demasiado breve. Cuando terminé de hablar, me seguía mirando con aquellos ojos de animal doméstico. Sé que a veces se sentía así, como una graciosa mascota tolerada en aquel salón sólo por la gracia de su sonrisa, pero que en cuanto los amos quisieran acostarse, se vería relegada de nuevo a la caseta del jardín.

—A veces es duro vivir lejos de tu propio país —dijo tan bajo que pensó que nadie la había oído.

Pero no debía haber sido así: Ulrich la había oído o había adivinado lo que pensaba, porque replicó:

—Nunca tendrás nada que temer en Alemania, aunque te confundan en la calle con una turca, una árabe o cualquier otra extranjera. Nosotros te protegeremos: si estás con nosotros, no debes tener miedo.

Ella no se había referido a eso, porque su miedo no procedía de ahí, de la epidermis, de un color de piel o un tono de ojos, sino de un lugar mucho más profundo, del propio tuétano de los huesos, pese a todo aquellas afirmaciones de Ulrich avivaron la sensación que sin duda trataban de sofocar, y que se parecía a un escalofrío.

—En todo caso te convendría aprender pronto el alemán —agregó Werner, y luego añadió, como si hubiese tenido una ocurrencia muy graciosa—. Y la primera palabra que tienes que aprender en alemán es *Mitlait,* que quiere decir «piedad». Siempre puede serte útil...

En el silencio que siguió, Werner se apresuró a llenar de nuevo todas las copas.

—No somos tan malos como os cuentan —afirmó mirando no se sabía muy bien a quién, mientras dejaba escapar grandes risotadas que acaso intentaban ahogar la música.

Propuso un brindis y bebió el primero, enlazando su brazo con el de Fátima para beber cruzando las copas, a la manera que Liz Taylor había hecho famosa en medio mundo.

—En Alemania, cuando bebemos así, es obligatorio darse un beso.

Y la besó en la boca con un beso tan casto como sus cabellos rubios. Luego añadió:

—Recuerda todo lo que has visto en el Este. Al lado de las viejas carreteras estamos ya construyendo otras nuevas. Pronto no se sabrá que una vez hubo dos Alemanias.

—Yo siempre he puesto en todas las cartas, incluso antes de que cayera el muro, Alemania, simplemente. Ahora cualquiera puede hacerlo, pero hubo una época en que aquella palabra era una provocación.

—Cuando el muro cayó, todo el mundo profetizó que habría reunificación en veinte años. Al día siguiente se hablaba de diez años. Pronto dijeron que cinco, y finalmente Kohl anunció que uno.

—¿Sabes? Durante mucho tiempo fue una vergüenza ser alemán. Estamos cansados de avergonzarnos de hacerlo todo mejor que los demás, y que eso no resulte suficiente. No somos peores que los demás. Nuestras carreteras están llenas de letreros en inglés que conducen a las bases americanas. Durante años ni siquiera hemos tenido una gran capital, como París o Roma, o incluso Madrid, sino una pequeña ciudad de provincias. Ahora queremos que Berlín sea nuestra capital: tener una gran capital de nuevo, como los otros países europeos.

—Ya no queremos avergonzarnos de ser alemanes. Tenemos derecho a estar orgullosos de Alemania.

Los dos muchachos se pusieron de pie, con solemnidad, y levantaron las copas de cristal de Bohemia, como si fueran sables. Sus brazos casi tocaban las lámparas del techo. No hizo falta subir el volumen de la música de Wagner para que sonara aún con mucho más estruendo.

—¡Brindemos por Alemania!

—*Auf Deutschland.*

—*Auf Deutschland.*

Y tenían lágrimas en los ojos cuando dejaron caer las copas para que se rompieran, como las ilusiones de cuatro millones de alemanes en una Alemania que nunca fue democrática.

6

—QUIERO IRME —ME DIJO FÁTIMA AL DESpertarse—, tengo que irme.

—Ya me lo dijiste ayer. No hay ninguna razón para irse. Este es un lugar maravilloso —dije y no sé por qué pensé: «Nadie te ayudará a irte, nadie te ayudará a escapar. Ni siquiera yo».

—Tengo que irme, necesito irme, quiero irme —decía Fátima.

—Sólo un poco más —insistía yo.

Siempre que me acuerdo de Fátima, pienso que le ocurrieron cosas que no puedo imaginar, cosas que nunca me han ocurrido a mí ni me ocurrirán. Por eso a veces me parece que nunca he podido comprenderla. Quizá no lo he intentado lo suficiente.

Las dos hablábamos muy bien francés, pero las palabras no son inocentes, las palabras no significan lo mismo para ti y para mí. La palabra *avispa* no tiene el mismo sentido para alguien al que le ha picado una avispa, como Fátima, y para alguien que nunca en su vida ha visto una avispa, como yo.

Cuando Fátima era niña, unos vecinos acusaron a su abuela de haberles echado mal de ojo. Una cabra se les había muerto y había que echar la culpa a alguien. Cogieron un nido de avispas y lo arrojaron por la ventana del dormitorio de su abuela. La abuela no estaba en casa, en el dormitorio aquella tarde sólo estaba Fátima, que tenía dos años. He oído que las avispas no te atacan si puedes mantenerte quieto y perfectamente tranquilo, pero la niña de dos años debió sentir mucho miedo. Agitaría las manos desesperadamente sin comprender por qué el aire se llenaba de cuchillos invisibles. Cuando su abuela volvió, se la encontró chillando y llorando con toda la piel llena de picaduras. Arrojó el nido de avispas fuera de la casa. La niña tenía fiebre muy alta. Todo su cuerpecito se había hinchado y aparecía rojo y tumefacto. Respiraba con dificultad. Al cabo de pocos minutos dejó de llorar. Estaba inconsciente.

La abuela de Fátima no sabía cómo había podido llegar hasta allí el nido de avispas y nunca lo hubiera sabido si esa misma tarde no se hubieran presentado los vecinos, los dueños de la cabra muerta. Tenían la cabeza gacha y habían traído miel y huevos. Preguntaron cómo estaba la niña. Daban grandes gritos. «No queríamos hacerle mal a la niña —le decían a la de Fátima—. Te habíamos echado las avispas a ti.»

Y lloraban y la abuela de Fátima lloraba con ellos y les aseguraba que también ella hubiera preferido sufrir las picaduras en su carne y no en la de la niña.

La abuela consolaba a sus vecinos. Estaban aterrorizados. Temían que si acababan causando la muerte de una niña inocente les sucedería algo terrible. Ahora ya no querían castigar a la abuela de Fátima por bruja. Deseaban que fuera bruja para que pudiera protegerles con sus poderes. La buena mujer les aseguró que nada había tenido que ver con su cabra y ellos le pidieron perdón. Conmovida, la abuela les dio su bendición y ellos le dieron algún dinero para llamar al médico. Fátima no murió. Vino un medico joven y rubio. Le puso una inyección y comenzó a respirar con normalidad.

Fátima me cuenta todo esto y yo entiendo cada una de sus palabras. Pero no la comprendo, en mi mundo todas estas palabras significan otra cosa. No hay mal de ojo, ni vacas, ni avispas. Tampoco conocía entonces a mi abuela, pero creo que hubiera matado al que intentara hacerme daño.

En mi mundo, y en el de Fátima, inocente y culpable quieren decir cosas distintas.

Oí la risa de Fátima levantarse por encima de la pereza del día. El hombro desnudo de Fátima, el tarro de caviar —un agujero negro abierto sin pudor sobre el mantel del mundo—, una pizca de aburrimiento: el desayuno casi perfecto. *Faut-il avoir peur des allemands?* La portada de *L'Express* me hizo sonreír a mí también. Los franceses tenían miedo de los alemanes, y sin embargo ella estaba convencida de que los franceses no eran tan distintos de los alemanes. Tal vez la diferencia, llegó a confesarme en cierta ocasión, era que los alemanes sí hacían lo que decían.

A ella nunca le había parecido racista el pueblo alemán. Más bien al contrario, siempre había compadecido a los alemanes, que parecían cargar con un complejo de culpa inmerecido y tener la obligación de pedir perdón constantemente por el pasado. No eran monstruos, pero precisamente porque no eran monstruos, sino seres humanos, algo le hizo estremecer en aquella noche en que dos oficiales de la Bundeswher le enseñaron a decir *piedad* en alemán.

—No habrá problemas mientras sigáis siendo tan ricos —me aseguró—. El dinero anestesia, es verdad... Pero ninguna anestesia dura toda la vida.

Quizá porque se siente como una mascota, como un animal más o menos exótico, Fátima está fascinada con los gatos de Werner.

Había muchos gatos en la casa, Werner ni siquiera sabía cuántos. Aparecían y desaparecían en las habitaciones de servicio o en el jardín y era difícil verlos. Fátima los buscaba detrás de los arbustos y se quedaba largo rato llamándolos hasta que venían. Sólo uno de ellos, un arrogante gato persa que respondía por Leone, osaba disputar el sofá al mismo Werner.

—Los gatos de la casa son majestuosos, hermosísimos. No había visto gatos así antes, pero son incapaces de cazar —me dijo.

Al rato estaba fascinada con los perros de Werner. Había un labrador, tres setters y un pointer. Eran irresistibles y lo sabían. Apoyaban la cabeza en el regazo de Fátima y amenazaban con quedarse allí todo el día.

—En cambio los perros, de raza más pura, cazan mejor.

Yo no podía seguirla en sus razonamientos que venían de otro mundo.

Siempre estaba más pendiente de los animales que de nosotros. Podía permanecer en silencio ajena a nuestra conversación. Todos pensaban que estaba enfadada. Sólo yo me daba cuenta de que observaba cualquier juego cruel entre gatos, perros o caballos.

Fátima también se enamoró de los caballos de Werner. Dijo que cuando era niña también había tenido un caballo, un caballo de labor, pesado y bondadoso al que le costaba ir al trote. Los caballos árabes de Werner eran tan distintos de aquel caballo que Fátima opinaba que habría que darles un nombre distinto. Los caballos de los ricos, los caballos de los pobres. Un caballo no siempre es un caballo.

—Tampoco un hombre es siempre un hombre —replicó Werner.

—Yo creo que sí —dijo ella, y le guiñó un ojo.

Fátima está ahora fascinada con Werner.

Los dos juegan en el fondo del jardín con los perros que saltan, y Leone se sube impúdico a la falda de ella.

Eso me duele.

Aprovecho para llamar aparte a Ulrich, que acaba de llegar y parece perdido.

—Crees que te la vas a tirar —vuelvo a la carga—. Yo te apuesto a que no.

Ulrich me hace un gesto de incomprensión, como si no supiera de quién hablo. Lo sabe muy bien.

—Te apuesto a que no eres capaz de tirarte a la españolita. Parece blanda, pero sabe hacerse la estrecha. Ya te lo dije, a lo mejor es virgen.

Ulrich suelta una carcajada y en ese momento llegan ellos. Los otros. Nuestras presas. A partir de aquel momento, esto es una cacería para Ulrich y para mí. Fátima sigue hablando de asuntos que no importan.

No puede creerlo. Le parece imposible que una vez hubiera habido guerra en Europa: a ella, que en realidad no había vivido en Francia, sino en el satélite Erasmus, ese espacio sin geografía poblado por legiones de alemanes, daneses, ingleses, españoles e italianos que estudiaban con una beca de la Comunidad Europea en Francia. Los alemanes se entregaban a las historias de amor con los franceses con la misma pasión con la que en otro tiempo se habían entregado a la guerra.

Fátima recuerda la noche en que para despedirnos del curso, del año que habían cambiado nuestras vidas, de Francia, de los amigos, para despedirnos para siempre, nadamos desnudos en las fuentes públicas. Éramos siete. Los más amigos. Los que habíamos resistido. Hasta el final. Serios estudiantes de Economía y Derecho que habían pasado sus exámenes con mención, embutidos en trajes de chaqueta. Los chicos con corbata. Las chicas con tímidos tacones. Avanzamos como un comando. Al otro lado de la plaza los gendarmes fumaban. La mayoría llevaba el bañador bajo la ropa. Algunos, como Fátima y yo, nos desnudamos. A toda prisa, tocamos el agua fría que nos hizo chillar y reír. Los gendarmes comenzaron a gritar y se acercaron, pero muy lentamente, porque ellos también habían sido jóvenes. El agua estaba oscura y deliciosa. Chapoteábamos. Para cuando llegaron los gendarmes ya habíamos saltado y nos habíamos ocultado tras los coches aparcados para vestirnos a toda prisa. Tiritando. Encogidos, pero orgullosos. Orgullosos de poder contarlo. A mí me parecen ahora niñerías. En aquel tiempo, sin embargo, nos había ayudado. Así conseguimos que irse no pareciera tan terrible, que fuera posible dejar el Paraíso pensando que algún día acabaríamos regresando a él.

Fátima se ha puesto muy seria al recordarlo.

—Tengo que irme.

—Necesito irme.

Está nerviosa. Se ha dado cuenta del brillo en los ojos de Ulrich, de la risa en los míos.

Quizá por eso quiere irse: hemos venido a esta casa para celebrar una fiesta de una noche. La fiesta está durando demasiado. Y yo que he viajado hasta aquí atraída por el recuerdo de la sonrisa rubia de Werner, me encuentro con su mirada seca. Me desprecia. Como si supiera algo.

Pero es Fátima la que parece más afectada. Quizá también ella ha venido por Werner. Aunque es Ulrich quien habla, como si pudiese adivinar sus dudas:

—¿Qué es lo que prefiere mi pequeña princesa, ir a Berlín o montar en avión?

—Ninguna de las dos cosas es posible.

—Todo es posible en Alemania, si te lo propone Ulrich. Recuerda que siempre te he concedido todos los deseos. Cumpliré tus sueños, mientras seas mi esclava. Y si no puedo hacerte mi Reina, te haré mi esclava.

Fátima ignoró el tono teatral de Ulrich. No se rió ni sonrió, sino que respondió con mucha seriedad.

—Entonces quiero las dos cosas, quiero ir a Berlín y hacerlo en avión.

Por sorprendente que pudiera parecerle había un aeródromo privado en Heimat. No uno grande y suntuoso, sino lo que los chicos llamaron *un aeródromo para dentistas.* Parecía ser, en efecto, que entre adinerados dentistas de Frankfurt y de Stuttgart se había puesto de moda pilotar aviones. Desde que los dentistas habían tomado el aeródromo, la pequeña élite local lo había dejado de lado.

De modo que era gracias a los dentistas que había un aeropuerto en el minúsculo pueblecito. Fátima descubría así, entre risas y con asombro, la nueva utilidad de los dentistas; hasta ahora —comentaba divertida— la única virtud que había advertido en ellos eran sus salas de espera, siempre repletas de revistas que los pacientes leían con fruición: dolores de corazón ajenos para calmar los propios. Solía decirme que las salas de espera eran uno de esos inventos afortunados —como los paraguas o el gel de baño—, cuyos artífices habían desaparecido injustamente de los anales de la humanidad: aunque sólo fuera por el amplio repertorio de revistas del corazón que suelen poner a disposición de sus clientes, de tal manera que quienes presumen de intelectuales pueden consultarlas sin miedo a perder demasiado el prestigio. Además, allí había tal profusión de números atrasados que cualquiera se ponía fácilmente al día. Las revistas del corazón, ese fenómeno periodístico tan español, eran para Fátima un medio de igualdad social sin parangón, que permitía a cualquier profesor universitario gozar como las amas de casa sin estudios primarios. «Dicen que esos papeles no cultivan el espíritu —añadía—, pero en cuanto a la materia, ¿cómo podrían saber si no los pobres cómo viven los ricos? Las verjas de sus casas son hoy en día demasiado altas.»

También estaba demasiado alto el sol cuando conseguimos despegar. Pero no en el vetusto avión de nuestros amigos.

Werner y Ulrich disponían de sendas licencias de piloto aparentemente en regla. Dos o tres veranos antes, habían recibido juntos clases de vuelo en aquel mismo aeródromo y, desde entonces, no había despegado el pequeño aeroplano que poseía la familia de Werner. Así que se les fue casi toda la mañana en revisar si todo estaba conforme, y en alguna que otra reparación que nosotras preferimos ignorar.

Mientras los muchachos se aclaraban en aquella amalgama de cables y tornillos, nosotras jugábamos con el perro favorito de Werner, un setter irlandés que se había encaramado dentro del coche en el último momento. Al perro le entusiasmaba correr alocadamente de un sitio para otro y colarse entre nuestras largas faldas que se inflaban con los torbellinos de viento que levantaban las hélices. Y nosotras le perseguíamos para impedir que se metiera bajo el motor de los aviones. Su amo bromeó con los afanes aventureros del perro, del que era difícil asegurar si prefería los aeroplanos o las mujeres.

Mientras esperaban, Ulrich convenció a uno de los pilotos que frecuentaban el aeródromo —un *ossie*, un alemán del Este cuyo fuerte acento provocaba las burlas de los demás—, para que las llevara a volar en planeador. Ahora aseguraba que lo verdaderamente excitante era el vuelo sin motor. «Sobre todo si no sois capaces de reparar el motor de ese aeroplano», bromeó Fátima, mientras se colocaba el casco para subir al planeador.

El cielo y la tierra de Alemania. Las líneas rectas, pero también las curvas, los terrenos irregulares, las huellas de los tractores, los molinos de viento: las lisas estrías de la tierra después del parto. Y de repente los arañazos de la pistas sin sentido en torno a una cantera, formando miles de estrellas rotas, cientos de preguntas, un campo circular y misterioso. Las flores negras de los embalses y de los lagos, pozas marrones con trenzas verdes. Uno siente cómo la mano podría acariciar los bosques, siente la ternura de los bosques de Alemania que tienen algo de animal doméstico. Y los dados esparcidos de los tejados rojos, las manchas en el fondo de los lagos que no se sabe lo que contienen y de nuevo las estrías, y de repente la ciudad: la explosión de los tejados rojos entre otros bosques.

A la tierra le han hecho la raya en medio. Los ríos están espolvoreados de azúcar y, en la zona residencial hay miles de piscinas como miles de ojos azules. Tejados que brillan como espejos y, a lo lejos, rascacielos como velas en una tarta de cumpleaños, bloques de pisos que forman figuras geométricas, que dibujan cuadrados, preguntas. Sus manzanas ordenadas vistas desde el aire parecen un alfabeto nuevo y desconocido. Alguien ha construido Alemania para verla desde el aire. Alguien ha construido Alemania para que una raza nueva la descifre desde el aire.

El cielo y la tierra de Alemania. Los árboles en medio de los bloques geométricos, las pequeñas cúpulas en los tejados rojos, árboles, árboles y más árboles, chatarra, un tajo circular, un estadio, una iglesia. ¿Dónde están las chabolas?

Volaron sobre el castillo y los canales, sobre el río y sobre los prisioneros que jugaban al balonmano al otro lado de las alambradas.

—*Die knakkis!* —exclamó Fátima, a quien le habían enseñado esa palabra con un matiz afectuoso para llamar a los presos.

Pero el piloto pensó entonces que ella hablaba perfectamente alemán y soltó una perorata de la que Fátima sólo comprendió *schon auge:* hermosos ojos. Sin duda pensaría que el acento del Este, que tanto nos llamaba la atención a sus amigos, no cambia a los hombres.

En el transcurso del vuelo el piloto le señaló una mancha azul: era la piscina de los Von Carsten, la única que podía verse desde aquella altura. Y es que, desde allí, las altas verjas de las mansiones servían de bien poco: podían ver los jardines de todas las mansiones, las diminutas gotas de agua e incluso las pequeñas sombras de carne que se afanaban en busca del tibio sol de otoño. Las enormes mansiones parecían pequeñas desde aquella altura, y desde un avión que volara más alto ya no se divisarían.

A Fátima no dejaba de asombrarle el apego de los mamíferos por su morada. Como un buen roedor, la casa significa más para el hombre que un lugar para pasar las horas. Igual que una rata atesora, incesante, trapos viejos y hierbas para su madriguera. Y como al caracol se le ha convertido la morada en una parte de él mismo. Tener una casa bonita es algo que luce un rostro tanto o más que unrostro o una cara bonita. El hombre va a todas partes con la etiqueta de su casa a cuestas. Dime dónde vives y te diré quién eres. Quizá sólo la rata y el hombre acicalaran tanto sus nidos. Y los que se veían desde el aire eran sólo eso —pensaría Fátima—, espléndidos nidos para espléndidas ratas.

Fátima me confesó que en el pasado había odiado a los ricos, no por serlo sino por permitir que haya pobres. Toda su vida había oscilado entre el sentimiento de culpa ante aquellos que tenían menos que ella y el deseo de las oportunidades que ofrece el dinero. «Es verdad que el dinero no da la felicidad —reconocía Fátima—, pero estoy segura de que el que dijo eso lo tenía.» Y sin embargo, había mucha gente que no sabía utilizarlo. Por ejemplo, ella deseaba dinero para viajar y alguna de esa gente viajaba como maletas, ni siquiera se movían; tan sólo se sentaban en un coche a ver proyecciones de paisajes exóticos por las ventanillas, y así, sin moverse apenas un milímetro, habían dado la vuelta al mundo desde la misma sala de cine confortable de su Mercedes, donde siempre hace la misma temperatura y el aire huele igual.

En todo caso, el problema de su vida había sido ése: le hubiera gustado ser rica, pero mucho más que no hubiese pobres. Y sabía que nunca podría ser rica porque siempre habría un pobre cuya mirada sería suficiente para impedírselo. Por eso se sentía vagamente culpable entre nosotros: por una parte estaba fascinada; por la otra se repetía que no éramos tan ricos, como si eso atenuase su falta.

Yo había intentado explicarle que en Alemania no había tantos ricos como ella pensaba: nosotros no lo éramos. Le conté que de pequeña yo había visto a un niño que vivía en un castillo y tenía un tigre como mascota: él sí era realmente rico. Tanto que ya no podía ser como los demás niños. Aunque en la foto del periódico pareciera como cualquier otro, si no fuera por sus ojeras y el collar de diamantes que brillaba menos que los del cachorro del tigre. Y Fátima estaba segura de que nosotros éramos mucho más ricos que ese pobre niño.

Hubo un instante en que el planeador detuvo el motor y todos los pensamientos se pararon también en la cabeza de Fátima. Su mente debió quedarse en blanco y, por un segundo, oyó el viento como si soplara dentro de ella.

Entonces —me confesaría luego—, se reconcilió con su propia vida y sólo por ese momento le pareció que todo había merecido la pena.

Años atrás, cuando su novio se ahogó entre las olas, se recordaba a sí misma tendida en el suelo, pidiendo a gritos la muerte. Ese día pesó en una balanza lo bueno que le podría acontecer y encontró que era contingente y escaso, frente a lo malo que ciertamente habría de sufrir. Las matemáticas resultaban inexorables y era mucho más probable en la vida sufrir que gozar.

Entonces, una voz muy tenue dentro de ella se alzó para decirle que morir era muy fácil. Si lo quería hacer, no tenía más que tirarse por la ventana de aquel sexto piso; en caso contrario, le prohibía terminantemente que siguiese diciendo tonterías retóricas de esa índole.

Se levantó y se sentó en el alféizar. La altura le hacía marearse. Nunca hasta entonces había sentido vértigo, porque nunca hasta entonces el vacío la había llamado con voces tan cariñosas. Y pensó que quizás la balanza no era tan precisa, que quizás habría un solo momento que mereciese soportar todas las amarguras por las que iba a pasar; quizá un momento glorioso puede hacer olvidar cinco años de dolor. Sobre todo tuvo de pronto una gran curiosidad por saber lo que la vida iba a hacer con ella en los años por venir. Y la curiosidad le hizo retirarse del alféizar cuando su cuerpo ya se tambaleaba.

Esa mañana sobre el cielo de Alemania, creyó que el momento había llegado. Me contó que, de pronto, se sintió en paz consigo misma, como si acabara de nacer. Desde la tierra el vuelo nos pareció muy corto, pero cuando el avión aterrizó había algo en la expresión de Fátima que desató en Ulrich unos irracionales celos del piloto.

Fátima sonrió.

—Sólo he visto esa sonrisa en la gente que ha tomado una droga llamada éxtasis. ¿Qué habéis hecho allá arriba?

Y era, en verdad, como si hubiese ingerido alguna droga. Mostraba una sonrisa idiotizada, y por mucho que se esforzaba en cerrar la boca, no lo conseguía. Hubiera abrazado a todo el mundo, empezando por el mecánico *ossie* que le resultaba el más simpático, por saberlo tan extranjero como ella misma en Alemania.

Fue en ese momento cuando Fátima me dijo que no le importaba morir en un lugar tan hermoso, que le gustaría que la enterraran allí.

Cuando aceptas que hay un lugar en el que te gustaría que te enterraran, estás aceptando la muerte. Y el día que aceptas la muerte dejas de ser joven.

Yo no quería que me enterraran en ninguna parte porque quería ser inmortal. Todos los jóvenes son inmortales. Más tarde, también yo deseé encontrar un sitio donde descansar, también yo dejé de ser inmortal porque lo que nos hace mortales es la muerte del que amamos. Y eso siempre sucede demasiado pronto.

Pero aquel día Fátima parecía la mujer más joven del mundo. Le brillaban los ojos y los labios. Olía a limón y a plantas que sólo crecen en otros países.

Soy guapa. Eso forma parte de mí, de mi manera de estar en el mundo. Ahora soy menos guapa que antes y no sé qué sucederá cuando deje de ser guapa. Sé que seré otra, que me convertiré en otra persona. Tendré que descubrir partes de mí que están ocultas tras mi belleza rubia y algo fría. Partes de mí que me sorprenderé al reconocer en el espejo como quien vuelve a ver a un viejo amigo. Pero nunca me he sentido guapa si Fátima estaba delante.

—Estás bellísima —dijo Ulrich. Y ella intentó creerle.

Le gustaba pensar que su belleza era secreta y por eso mismo imperturbable. No solía arreglarse, descuidaba su aspecto. No le importaba. Sentía que, aunque los demás la vieran fea, ella podía deslumbrarlos en un momento, con sólo encerrarse un rato en el cuarto de baño y cambiarse de ropa. No llamaba especialmente la atención en su país, donde no dejaba de ser una chica bastante común y tal vez ése era el motivo de que se emocionara tanto cada vez que oía a la gente del Norte hablar de ella como de una mujer bellísima. En realidad, no podía creerles.

—Tan bella como Alemania en otoño —repitió Ulrich.

Y sospecho que, entonces, ella sí le creyó.

7

Los cristales de la casa de Werner estaban tan limpios que parecía que no había cristal y que las enredaderas del jardín estaban a punto de trepar por entre los muebles del salón. Nos hallábamos a merced de la naturaleza, pero nos protegía un muro invisible. Podíamos disfrutarla sin tener que temerla. El cristal era invisible pero estaba allí. Los pájaros no lo veían y Werner me contó que casi todos los días un gorrión o una paloma se estrellaba contra el vidrio, a veces, un jilguero o un petirrojo. Ese era el tipo de muro que separaba a Fátima de nosotros. Un muro invisible más alto que el muro de Berlín.

—Nadie debería limpiar tanto los cristales como para que engañen a los pájaros. Que el muro sea invisible lo hace más inmoral —dijo Fátima y me pregunté una vez más de qué muro hablaba en realidad.

Aquella mañana se había despertado antes que nadie. La sorprendí en la cocina intentando convencer a Mirta, la fornida ama de llaves pelirroja, de que la ayudara a salir de allí.

—Tengo que irme. Tiene que llevarme en su coche hasta una estación —decía Fátima en su cómico alemán de lengua de trapo.

Mirta la observaba muy seria, asintiendo con sus gafas de concha más que con sus ojos, cuando las interrumpí. Y no sé muy bien qué habría hecho, si yo no hubiera llegado en ese momento.

—Nadie te ayudará a irte —dije y no sé por qué pensé: «Nadie te ayudará a escapar. Ni siquiera yo. Harás lo que yo diga. Esta fiesta no es para ti. Es para mí.»

He tenido mucho tiempo para arrepentirme de mis palabras. En aquel entonces disfrutaba realmente siendo la espectadora de aquel juego entre el gato y el ratón. No podía dejar que el ratón se escapase porque el juego habría terminado.

La noche anterior, Ulrich nos había prometido llevarnos a Berlín en limusina. Se había plantado delante de Fátima taconeando:

—¿Hay algo más que pueda hacer para conseguirte?

—Sácame de aquí —le dijo Fátima. Y él prometió llevarnos a Berlín.

Mientras veía avanzar la limusina blanca y espectacular hacia la entrada principal de los Von Carsten, se me ocurrió que quizá a Fátima le daba igual Berlín, que quizá lo único que quería era salir de la casa. Aunque yo no veía ningún motivo para irnos de allí. Ahora estoy segura de que Fátima quería escapar.

Berlín acabó por decepcionarla. Solía sucederle: ella se hacía una idea de una ciudad por las películas y por las novelas, y cuando llegaba allí las cosas habían cambiado. El París que Fátima imaginó lo había encontrado en Praga. Y en Budapest el Danubio era tal como ella lo soñó en Viena.

Una vez me contó que cuando sus compañeras de clase partieron de viaje de estudios se pasó un día entero llorando. No tenía suficiente dinero y pensaba que ella nunca podría viajar; ahora esas mismas ex compañeras de estudios la tomaban por una esnob cuando les relataba que había desayunado en París y cenado en Bruselas.

Pero el mundo había cambiado. Europa era mucho más pequeña que en las novelas de los años veinte y, sin duda, también mucho menos interesante. En aquel entonces muy pocos podían viajar; hoy lo hacían muchos, pero ya no veían los mismos paisajes y las mismas ciudades. Los viajes se consumían como las patatas fritas y, a veces, satisfacían tan poco como ellas. Las playas desiertas y los templos prohibidos seguían siendo para unos pocos privilegiados.

Berlín tampoco existía ya. La capital del vicio, con sus magníficas avenidas modernistas, desapareció tras la Guerra, y el morbo de la ciudad dividida tras la Reunificación. Berlín ya no era Berlín. Era un puzzle cuidadosamente ordenado por los urbanistas de avenidas muy largas en perfecto ángulo recto con el cielo. Intentando darle vida, los alemanes nos habíamos agotado en concursos de arquitectura. Berlín podría ser la ciudad más interesante de Europa, la Bauhaus había sido un día pionera de formas y estilos. Pero como todo el mundo les había copiado, al final Berlín era como el modelo de una *banlieu* de París.

Mientras Fátima me decía todo aquello, reconocía al mismo tiempo la injusticia que latía en tales afirmaciones. La ciudad no dejaba de tener cierto encanto con su polvera y su lápiz de labios, como una vieja prostituta que trata todavía de acicalarse, la vieja iglesia destruida por los bombardeos y convertida en monumento para los turistas.

A primera vista el viejo Berlín afloraba en los cafés y en esa bohemia distraída que la distingue de las demás ciudades de Alemania, porque en Berlín se sale a las doce de la noche y la gente sonríe como si viviera en el Sur. Fátima empezó a cambiar de opinión cuando visitó Kreuzberg, que despertaba lentamente del sueño bohemio del muro.

Ella quería a toda costa ver los restos del muro de Berlín, pero cuando llegamos a la Puerta de Brandeburgo no quedaba nada. Ni siquiera en el suelo había alguna marca de que allí se hubiera levantado una pared: era como si el mítico muro, el telón de acero, el muro de la vergüenza, nunca hubiera existido.

Unos pocos pasos más allá varias cruces recordaban toda la gente que había muerto intentando atravesarlo. La última tenía las flores aún frescas y era de dos meses antes de que todo el mundo saltara el muro. Estaba dedicada a un joven de apenas veinte años.

—Su familia ha reclamado mucho dinero al Estado alemán —le expliqué.

Fátima se preguntaba cuánto dinero podían valer los años que todavía le hubieran quedado de vida a Chris Geoffrey. Difícil de calcular para cualquier compañía de seguros la duración de la vida: un cálculo incierto. Nadie puede asegurar que, de no haber intentado huir al Oeste, no se le hubiera caído encima una cornisa al día siguiente o no le hubiese atropellado un camión.

Nueve meses antes de que una marea humana desbordara el muro nadie se imaginaba que aquello acabaría por ceder. Y, aunque en su fuero interno algunos estaban convencidos de ello, no hubieran pronosticado que sucedería tan pronto. Pero nueve meses antes todavía había gente dispuesta a morir para ver lo desconocido.

El caso era que con las uñas, con los dientes, con pequeños martillos, con grandes palas excavadoras, los alemanes no habían dejado nada del muro, ni siquiera su huella en la tierra. Durante un tiempo todas las revistas de Occidente ofrecían como regalo un trozo del muro de Berlín. Y si todos los trozos que los vendedores ambulantes ofrecían en la puerta de Brandeburgo fuesen auténticos, se podría construir no un muro para separar una ciudad de un país relativamente pequeño en Europa Central, sino otra muralla china que partiese el planeta en dos mitades, atravesando el mar.

Así pues, lo más llamativo del muro de Berlín para cuatro turistas occidentales era que ya no había muro. Emprendimos una caza del muro en limusina, siguiendo la ruta de las viejas torres que vigilaban una frontera que tantos habían atravesado en busca de un destino sin retorno.

Circunvalamos Berlín y en una de esas vueltas místicas encontramos un fragmento de muro que a estas alturas ya no sabíamos si era auténtico; en todo caso, estaba rodeado de alambradas y se hallaba cerca del río, en un barrio de aspecto deprimente. Le recordé a Fátima que muchos artistas se habían opuesto a que destruyeran el muro porque estaba cubierto de obras de arte: se referían, por supuesto, al lado Oeste del muro. Su lado Este era blanco. Blanco. El color de la pureza y el color del luto.

—Quizá hemos destruido el muro que contenía la barbarie —murmuré observando sucesivamente los dos lados de la pared.

Ulrich contó que algunos periódicos radicales del Oeste abogaban por volver a construir el muro, esta vez mucho más alto.

—Ya. La miseria es más peligrosa que el comunismo —concluyó Fátima.

Fátima me preguntó —y yo tampoco supe responderle— si eran auténticos los uniformes del Ejército Rojo que desertores y civiles vendían por doquier: insignias, gorras de oficial, banderas, capotes, gorros de soldado raso y todo tipo de correajes. Los rusos estaban de saldo, era la liquidación de un país y de la temporada de las quimeras. Los vendedores rusos eran la avanzadilla de ese ejército derrotado primero por el mercado y luego por los mercadillos en los que desangraban sus mercancías. Mercaderes del mundo, uníos. Agrupémonos todos en la hucha final. La Internacional camino de reconvertirse en multinacional.

—El comunismo es una religión laica. Las paradas militares son sus procesiones. El Politburó, el Vaticano. El líder es como el Papa, intentó tener la infabilidad del Papa. El comunismo copiaba a los católicos que son el espejo del Imperio Romano. Por eso el comunismo ruso quería ser un Imperio. Stalin quería ser un Emperador, pero sólo era un dictador —comentó Ulrich y entonces Fátima sí le miró.

Habíamos visto a los rusos nada más entrar en Berlín, dejando atrás el aeropuerto en la magnífica limusina con chófer que Ulrich había tenido el capricho de alquilar. Cruzábamos la parte Este de la ciudad, cerca de la antigua frontera y de la zona de diminutas dachas que más parecían el hogar de algunos liliputienses que el símbolo de los antiguos privilegios de los mandamases comunistas. Un autobús escolar ruso cruzaba el tráfico infernal de la hora punta. Un tráfico desmesurado y capitalista en el que apenas se advertían ya los Travis, los pequeños coches de plástico del Antiguo Régimen, como si una epidemia de Mercedes y otros autos de gran cilindrada hubiese infectado la ciudad, o como si todos los alemanes del Este que saltaron el muro en realidad no buscaran la libertad, sino un concesionario de Audi con vehículos en oferta. Y aquel autobús ruso parecía una imagen en blanco y negro incrustada en una película en technicolor: el uniforme oscuro del conductor y la ropa grisácea de los niños, y las expresiones difuminadas de sus ocupantes como si hubieran empezado a dejar de existir; aquel autobús que se codeaba con los del transporte público de Berlín Oeste también era gris y parecía haber sido construido en los años cuarenta, pero seguía andando, rodeado por la irrealidad del tráfico del futuro.

Habían pasado al lado de un cuartel ruso que parecía una prisión y vieron a otros rusos conduciendo camiones ocres. Todos mostraban la misma expresión desleída, como si el polvo hubiese penetrado en las grietas de sus rostros e impregnado sus cabellos que siempre eran de color rubio ceniza, con más polvo que cenizas, o con cenizas del color de un fuego extinguido hace tiempo.

Aquel verano se había producido un golpe de Estado en su país. Ellos no se habían enterado. Igual que sus colegas americanos de un cercano cuartel reluciente, que también parecía una prisión, pero para presos ricos, habían pasado muchos años pegados a un muro que ya no existía. Vigilando fronteras que habían desaparecido. Nunca hablaron alemán: lo tenían prohibido. Pero, sin duda, los padres de aquellos niños que iban tan penosamente al colegio debían sentirse desconcertados. Decían que en su cuartel no había apenas comida y, sin embargo, estaban rodeados de abundancia, como extraterrestres en un extraño planeta Tierra. Tal vez tuvieran la sensación de que los terrícolas eran ellos. Los alienígenas habían ocupado su mundo conocido y ya no sabían si habitaban sus sueños o sus pesadillas.

A Fátima le resultaba difícil olvidar los rostros de los rusos.

—Están tan delgados —murmuraba.

Me decía que aquellos rusos le habían impresionado mucho más que las imágenes de los niños muertos de hambre en cualquier país africano, tal vez porque eran blancos y estaban más cerca. No hay personas insensibles, sólo hay personas que no tienen imaginación. Es inevitable que provoque más compasión un perro lastimado en nuestra puerta que un hombre muerto en una guerra lejana.

Aquel pájaro debía de llevar toda la mañana sobre la grava, pero nadie lo había visto. Yo fui la primera en verlo. Era negruzco, con la pequeña cabeza triangular. Parecía un halcón, aunque no lo fuera. No sé qué pájaro era. Sé que era diminuto, que se arrastraba penosamente, inclinándose sobre el ala, arañando el suelo con el pico, trazando círculos en la grava, que sin duda le hería un poco más con cada nuevo movimiento: las piedrecillas se le metían entre las plumas, pero el pájaro no hacía ningún ruido. No era capaz de volar ni de andar, sólo de arrastrarse. En el cielo hubiera sido un animal majestuoso. En aquel sendero construido por los hombres resultaba un animal indefenso y patético, sobre todo patético. Estropeaba la vista y la hermosa mañana, porque no se rendía y continuaba arrastrándose. Me dieron ganas de coger una escoba y barrerlo de allí, antes de que lo viera Fátima, que era de las que se conmovían por cualquier cosa. En el fondo sentí algo de pena, pero ¿qué hubiera podido hacer yo? ¿Adónde lo hubiera llevado? ¿Cómo lo hubiera cuidado? No sabía si estaba herido o si se había caído del nido, pero ahora alguien tendría que ocuparse de él o moriría. Y nosotras estábamos de paso. No teníamos una casa a la que llevarlo. No sabíamos cuidar pájaros. Me pareció cruel mostrar buenos sentimientos que luego no iba a poder mantener, así que permanecí clavada a la tierra, sin ayudar al pájaro, incapaz de dejar de mirarlo. En su energía, en su manera de seguir arrastrándose hasta la última bocanada de aliento, había algo irritante y algo que me daba escalofríos. Deseé que lo encontrara un gato o un perro como los de Werner: sería una muerte más digna que aquella agonía al sol.

Por supuesto, esperaba que en cualquier momento llegara alguien, lo recogiera y llamara a la Protectora de Animales y todo eso. Alguien, pero no yo.

La que llegó fue Fátima. Antes de que me diera cuenta apareció detrás de mí con un vaso de agua en la mano. Se había acercado sin hacer ruido. Debió de ver al pájaro y salir a buscar el agua. No sé dónde la había conseguido, porque no había bares a la vista. Se inclinó sobre el pájaro que se paró en seco y dejó de recorrer los círculos del infierno, pero no bebió.

—No está herido: sólo es pequeño y está lejos de su casa. Si come lo suficiente, se hará grande y podrá volar.

Al poco, el pájaro comenzó a beber el agua que le ofrecía Fátima, se esponjó y me pareció más bonito que antes sobre la grava. Yo también lo acaricié.

—Tiene miedo, tiene mucho miedo... Lo sabe, sabe que nunca volverá a ver a sus padres. Ahora depende de los humanos.

Pensé que depender de los humanos era una de las peores cosas que le pueden suceder incluso a un humano.

—No podemos quedárnoslo. ¿Qué vamos a hacer con él? No sabemos cómo se cuida un pájaro.

—De momento se ha calmado, ha bebido, va a vivir unas horas más... Y luego se me ocurrirá algo.

—Alguien lo recogerá, Fátima. Alguien que sabrá cuidarlo: tú no puedes cuidarlo, ni siquiera eres capaz de cuidarte a ti misma.

No podía hacer nada. Fátima mostraba la misma obstinación del pájaro, esa reserva inagotable de fe en la vida que es una manera como cualquier otra de creer que existe Dios: siempre esperaba algo más. Ese algo más que iba a salvarla. Era como una niña.

Improvisó un nido con pañuelos en su regazo y el pájaro se volvió invisible entre ellos. Pensé que Werner o Ulrich dirían algo, pero no lo dijeron. Pensé que el pájaro moriría durante el viaje de regreso a Heimat, pero no fue así; pensé que Fátima, como los niños, perdería pronto el interés, pero tampoco sucedió eso. De alguna manera convenció a Mirta para que le ayudara a cuidar el pájaro, que llegó a grande, que vivió en la casa de Werner durante mucho más tiempo que la propia Fátima. Werner me contaría, mucho después, en Barcelona, que volaba entre las alacenas de la cocina. Al principio con una pata atada a un hilo azul amarrado a la silla de Mirta. Y luego libre, pero incapaz de irse lejos, revoloteando entre los aparadores blancos, golpeándose contra los cristales donde se guardaba la plata de los Von Carsten. Hasta que un día desapareció. No se le vio más y Werner no sabía si había caído en las garras de sus gatos o si se había dado cuenta de que era un pájaro, había aprendido al final el lenguaje de los pájaros y se había marchado con ellos.

No sé qué hubiera sido del pájaro si Ulrich no hubiera cambiado sus planes y nos hubiera conducido al Castillo. El pájaro debía su vida a aquella fiesta sin fin y a la manera en que la continuamos. Me gusta pensar que el pájaro se salvó porque yo estuve allí, un poco apartada de los demás, como siempre lo he estado. Como siempre lo estaré.

Pero a veces creo que si Fátima no huyó, si no se quedó en Berlín, donde hubiera podido coger un tren o un autobús, fue sólo para llevar aquel pájaro de regreso a la seguridad de la casa de Werner.

Y, si Fátima se hubiera quedado en Berlín, quizá nuestra fiesta no hubiera acabado en tragedia.

Durante un buen rato, después de haber visto cómo se alejaban los rusos, permanecimos las dos calladas, y acaso fue nuestro apesadumbrado silencio el que sugirió a Ulrich un nuevo plan de viaje. Ordenó al chófer que se dirigiera a Postdam, a escasos veinte kilómetros de Berlín. Había decidido que era el momento de visitar el Chateau Sans Souci, el Castillo Sin Preocupaciones del rey Federico de Prusia.

Como Berlín, pese a las brisas del Oeste, no era inmune a la niebla del Este, el encanto de esta reliquia del vicio germano quedaba oculto en las brumas. El palacio había sido concebido para reír y festejar, un escenario para el libertinaje y la procacidad, pero recordaba más bien la nostalgia y el amor desventurado del joven Werther.

Corrimos por los laberintos en forma de corazón que siempre acababan en algún pabellón de caza propicio a rematar la pieza o la ninfa. Ulrich tomó a Fátima en brazos para traspasar el corredor colmado de rosas que florecen todo el año. Así alcanzaba a arrancar las flores que coronaban sus cabezas. Decían que el rey organizaba persecuciones de doncellas desnudas por aquellos vericuetos. Fátima imaginaba que a menudo las piezas desaparecían entre la niebla y quizá el frío las hiciese correr aún más deprisa. Y, sin embargo, aquel rey era recordado por su disciplina y no por sus intentos de transgredirla con el único pasatiempo que no había perdido interés con los siglos. Cuánto frío debieron pasar sus cortesanas...

—Pide un deseo —le dijo Ulrich.

Si Ulrich hubiese sido un hechicero, ella le hubiese pedido la vida de aquel novio que le enseñó cuántos minutos caben en un beso. Es probable que entonces Ulrich no le hubiese concedido el deseo. Como Ulrich no tenía más poderes mágicos que los de la locura, sólo podía conceder deseos acordes con la idea que se había hecho de sí mismo y de ella en la escenografía de su vida. Fátima intentó estar a su altura y no pidió uno, sino dos deseos: cruzar en limusina la Puerta de Brandeburgo y bailar allí un vals.

Aunque Ulrich se divirtiese concediendo deseos absurdos como un diosecillo doméstico, se echó a temblar cuando supo que Fátima quería atravesar la Puerta de Brandeburgo con la limusina.

—El chófer nunca obedecerá la orden —dijo—. En este país te pueden meter en la cárcel por hacer algo así.

Sólo una valla, sin más protección y fácil de apartar, los separaba de la puerta bajo la que tantos desfiles habían cruzado.

—No pueden meternos en la cárcel por algo así. Seguro que lo más que pueden hacer es ponernos una multa.

No mucho después tuvimos noticia de quienes habían ido a la cárcel sólo por intentarlo.

Caía ya la media tarde y los días comenzaban a ser más cortos. No había mucha gente en torno a la puerta de Brandeburgo: apenas un grupo de muchachos que jugaba al balón, chicos del Este que no tenían dinero para otras diversiones.

Ulrich le dijo algo al chófer en alemán y, a continuación, se bajó del coche y comenzó a caminar despacio hacia el monumento. Luego silbó y apartó una de las vallas, mirando con inquietud hacia los chicos que jugaban a la pelota, antes de volver al vehículo.

Enfilaron muy despacio hacia la puerta, y al pasar a la altura de los muchachos, éstos empezaron a palmear el coche, a silbar y a aplaudir. No hizo falta que Ulrich se bajara de nuevo: tres chicos apartaron la valla, y la limusina cruzó triunfante la Puerta de Brandeburgo entre una fila de aplausos. Sólo entonces el chófer perdió la calma y aceleró bruscamente hasta perderla de vista.

—Si hubieran sido del Oeste nunca nos hubieran ayudado. Acaban de levantarse contra el orden establecido y estas muestras de rebelión les harán felices durante un tiempo. Pronto se darán cuenta de que no se han rebelado contra nada. Han cambiado un orden establecido por otro.

Giraron lentamente para volver a la gran explanada enfrente del Bundestag. Allí aún quedaban en pie numerosos edificios antiguos, el bien más preciado de Berlín.

El viento agitaba furioso la bandera de Alemania. Ulrich ordenó detener el coche y se quedó mirando a Fátima.

En las paredes del Bundestag podían verse los agujeros de bala de la última guerra. Algunos iluminados creían ver incluso la sangre, pero el viento y la lluvia la habían borrado hacía tiempo.

—Aún debo concederte otro deseo —dijo Ulrich, antes de tenderle el brazo para que bajara del coche.

Ulrich le besó la mano, inclinó la cabeza y se dispuso a bailar el vals. Fátima creía que sabía bailar el vals. Algún amigo le había enseñado en una verbena utilizando el truco de los sacos de patatas: para bailar el vals había que balancearse como si se cargara con un saco de patatas. Ulrich, por su parte, había aprendido a bailarlo en una academia, como la mayor parte de los jóvenes alemanes. Los dos le llamaban igual, pero no parecía tratarse del mismo baile. Ulrich remataba los pasos con un pequeño taconeo que abría gigantescos espejos en los prosaicos edificios que les rodeaban. Y, en estos espejos que no existían, se reflejaban todos los engaños de aquella danza: era engañoso creer que se entendían con palabras, que bailaban juntos el *Danubio Azul,* porque todo era mentira: ni bailaban de verdad, ni era el *Danubio Azul* el vals que silbaban los labios de Ulrich y ni siquiera el Danubio había sido nunca azul.

—¿Para qué me has pedido un vals, si ni siquiera sabes bailarlo? —preguntó Ulrich.

—Para que tú me enseñes —contestó Fátima.

Los ojos azules de Werner se tornaron grises mientras les observaba.

—El apetito se abre en la calle, pero se come en casa —sentenció con un brutal refrán alemán que invocó el espíritu de Eva entre los presentes.

Y, como si se hubiese obrado un pequeño sortilegio, la radio de la limusina, a la que Ulrich había tratado en vano de arrancar un vals, invadió el aire con la más triste de las canciones alemanas.

—Noooooooo —exclamó Ulrich. Y explicó algo muy deprisa en alemán. Yo intenté traducírselo a Fátima.

—Esa es la canción de Ulrich y Eva, la típica canción que las parejas han oído con el primer beso y luego utilizan para los aniversarios y las reconciliaciones.

Ulrich agitó nerviosamente el dial y el folklore germano dejó paso a la radio de la base americana. Una canción en inglés de Fatima Rainey, *Hey: «I love you till the morning comes»*, te amo hasta que llegue el día.

Ulrich dejó escapar grandes risotadas.

—Buenos presagios. Tenemos una pequeña bruja del Sur —comenzó a cantar la canción sin dejar de mirar a Fátima.

Recogieron al chófer donde lo habían dejado sin que Fátima consiguiera nunca averiguar por qué Ulrich se había emocionado tanto con aquella absurda canción.

—Eres carne querida —le susurró, todos le oyeron.

—Démonos prisa —les interrumpió Werner—. Se nos hace tarde para regresar a Heimat. Nos espera nada menque una Kermesse.

I said hey, hey yeah
I love you till the morning comes
I said hey, hey yeah
I'll kiss you till the morning shine
Now is not the right time to get serious
Now is not the right time, now is not the right time
I don't wanna seem mysterious
Give me time, in time I'll be
I'll set myself free

Hace poco volví a Berlín, a ese horizonte de cristal y acero en el que se ha convertido. Han levantado de nuevo la Postdamer Platz y Norman Foster ha arreglado los destrozos de la guerra sobre el Reichstag. Berlín cambia a medida que lo miro. No se parece nada a la ciudad que visité con Fátima en 1991. El fantasma del muro se ha convertido en una línea de dobles adoquines sobre la que corren *ricksawh* tirados por alemanes de pura raza en busca de unos euros.

Lo único que no ha cambiado es ese viejo cacharro de la Gran Guerra, la única de la que no nos avergonzamos, de cuando nosotros también teníamos héroes como todo el mundo. Se puede ver en el aeropuerto de Tegel como si fuera una escultura, pero yo sé que es capaz de volar.

Me dicen que es del Barón Rojo. No sé quién era, sólo sé que él no tuvo que avergonzarse de ser alemán.

En la avenida 17 de Noviembre, la Victoria que los nazis levantaron mira al río y a la Puerta de Brandeburgo. Parece ver más allá de los centros comerciales y sin duda nos contempló el día que la atravesamos ayudados por unos chicos del Este. La Puerta de Brandeburgo, ahora totalmente restaurada, borracha de luces en medio de la noche, ha perdido para mí su encanto fronterizo y transgresor: ahora es como una mujer bien peinada; antes era como una belleza en el abismo. Los alemanes tenían prohibido pasar por ella. Nosotros pasamos y luego dejó de estar prohibido; y todo el mundo, incluso en coches y autobuses, pasó a través de ella por la gran avenida. Ahora de nuevo está cerrada con pivotes y diríase que han dejado que todos pasen, que todos la violen, para encerrarla de nuevo, más virginal que antes, y para que yo sienta que los únicos que la atravesamos de verdad fuimos Fátima y yo una noche de 1991.

8

Cuando llegamos a casa Mirta estaba esperándonos. Pensé que quería decirle algo a Werner, pero se dirigió sólo a mí.

Mirta era una mujer enorme que, sin embargo, sabía hacerse invisible: en aquel momento era yo la que me sentía pequeña ante sus trenzas pelirrojas.

—Ha llegado esto para usted. Es importante —dijo muy seria.

Y me tendió un sobre marrón de papel de burbujas que crujía cuando lo apreté como si le doliese algo dentro. Leí el remite. Era de mi abuela y no sé por qué presentí que aquella carta no anunciaba nada bueno.

Fátima se acercó riendo e intentó quitarme el sobre de la mano. Yo estaba acabando de abrirlo. Un objeto pesado y brillante escapó del sobre y cayó en el regazo de Fátima. Nunca había visto algo así. Era una joya de plata, la más extraña que había caído en mis manos. En el sobre había también una gruesa cartulina y varias páginas de papel de cebolla garabateadas con una escritura pequeña y precisa en tinta violeta.

Leí la cartulina. Llevaba pegado un hilo de color rojo, el mismo hilo que apresaba la anilla de la joya redonda que Fátima sostenía en la mano. Mi abuela, con su espíritu ordenado, adjuntaba aquella cartulina al objeto de plata.

Fátima me acuciaba. Comencé a traducirlo en voz alta, aunque antes de terminar deseé haberme guardado su contenido para mí sola.

Te envío este *shaddai* como regalo. El *shaddai* es una protección contra las fuerzas del mal, contra los espíritus del mal, los del día y los de la noche. El *shaddai* no se puede robar porque la protección contra el mal no puede conseguirse con el mal. Este *shaddai* no protegió a la persona a la que iba destinado; sin embargo, me protegió a mí y protegió a tu padre cuando era niño. Yo lo puse en su cuna, pero no pude dárselo porque no era mío. No protegió a la persona que me lo dio, o tal vez esa persona renunció a ser protegida para ayudarme. Ahora es para ti, para protegerte a ti y a los que tú quieras, querida Ilse, en la vida y en la muerte.

Todo amuleto necesita de una invocación. Todo amuleto no sirve de nada, si no va acompañado de unas palabras mágicas. Te he enviado la historia del *shaddai*, que es también mi historia, la historia de mi vida, de mi verdadera vida, para que también la historia te acompañe y te proteja mientras eres tan joven.

—Tu abuela estaba loca o algo así

—Mi padre decía que era la persona más sensata que había conocido.

—Porque era su hijo.

Werner no dejaba de advertirnos que el tiempo se nos echaba encima. Había que darse prisa, si queríamos llegar antes de que la kermesse terminara. Y, mientras todos se duchaban, yo me escabullí con intención de leer aquella extraña carta de mi abuela.

Lo claro y lo oscuro.

Ilse, tú eres lo claro y tu amiga Fátima es lo oscuro. Lo vi de repente esta tarde y entendí por qué habías venido y, en cierto, modo comprendí también mi vida entera.

Casi no me conoces y no me conocerás nunca. Ya no hay tiempo. Todavía no sé si debo entregarle esta carta al notario para que te la envíe después de mi muerte o mandártela yo esta misma tarde. La muerte para alguien que tiene casi cien años es algo muy cercano, va siempre posada en mi hombro como si fuera un loro y le tengo tan poco respeto como le tendría a un loro. Pero podría llegar antes de que me diera tiempo a acabar la carta. Podría llegar antes de que eche la carta al correo y todas estas palabras acabarían en la cesta de los papeles viejos, porque mi asistenta soporta muchas cosas, me soporta incluso a mí, pero no tolera ni el desorden ni la literatura. Y aunque esta carta no sea literatura, sí que es desorden, hija mía, un gran desorden.

Quiero contarte a ti lo que no le conté a mi marido, lo que no le conté a tu padre. Tu padre, que no me habla porque milité en el partido nacionalsocialista. ¿No te lo ha contado? Sí, es cierto, yo milité en el partido de Hitler y estreché la mano del propio Führer, ese mismo Hitler, que no sólo mató a cinco millones de judíos, que mató a millones de eslavos, de gitanos, de comunistas, de deficientes mentales, que al final mató a sus propios soldados, cuando no servían para luchar. Seguramente sabías ya lo de los judíos; quizá no supieras lo de los gitanos, lo de los alemanes, todos los alemanes que él mató o que murieron por su causa; pero lo que sin duda no sabías es que Hitler mató a mi amor, a mi verdadero amor, a mi único amor.

Y no, no me estoy refiriendo a mi marido, a tu abuelo, que fue fusilado por los rusos, a tu abuelo que era miembro de las SS. Ahora, tan cerca de la muerte, de nada sirve mentirme a mí misma.

Toda la vida me he esforzado no sólo por ser normal, sino por ser un poco mejor que normal. Tan cerca de la Otra Orilla debo reconocer que no pude serlo.

Tengo que contártelo porque te he visto con tu amiga española y nos he visto a nosotras, a Maria y a mí, en el año 1938, cuando yo era más joven que tú ahora y no tenía ni idea de que llegaría a conocer a mis nietos. Viéndote comprendí que habías heredado mi fascinación por la gente de cabellos oscuros, por la gente que sabe más de lo que cuenta, pero cuenta lo que sabe.

Esa era una fascinación que yo no conocía, pero la primera vez que vi a Maria caí en ella y, desde entonces, estoy cayendo en un pozo sin fondo, de esos que hay en los sueños. Sólo que de este sueño parece que no me despierto nunca o puede que me acabe despertando la muerte.

Intentaré contarte cosas que hubieran debido contarte en el colegio, pero que a lo mejor no te han contado o las has olvidado y nadie puede culparte por ello y menos yo, que a veces pienso que nunca sucedieron, que yo misma me las inventé.

Después de la Primera Guerra Mundial, Alemania cayó en la más grande de las miserias. En la Gran Guerra no nos habíamos rendido, tan solo habíamos firmado un armisticio, una tregua.

Pero nos trataron como si nos hubiéramos rendido sin condiciones. Sobre nosotros cayeron las indemnizaciones de guerra, el polvo y el hambre. No había dinero ni trabajo. Nuestra propia familia, que había disfrutado de una posición acomodada, sufrió necesidad, pasamos de tener sirvientes a servir a otros, y yo, una señorita que había aprendido a tocar el piano, tuve que ir a los barrios del otro lado a buscar trabajo en el único sitio donde había. Trabajaba de dependienta en una zapatería cuyo dueño era judío. Peor aún, gracias a mi patrón, había encontrado alojamiento en casa de unos amigos suyos, también judíos. Allí compartía habitación y una enorme cama de sábanas de lino con mi compañera de trabajo en la zapatería, una chica judía que se llamaba Maria. A mi madre no le gustaba y mi padre no lo podía soportar, pero así eran aquellos tiempos y ellos, al menos, no tenían que preocuparse por mí, de manera que acabaron aceptando a Maria y a mis nuevos amigos judíos.

Y todo fue bien, muy bien, hasta que llegó aquella noche de noviembre de 1938: la Noche de los Cristales Rotos. La habrás estudiado también en la escuela, o quizá es para ti el nombre de una película. Para mí ésa es la Noche, la noche en que cambió mi vida para siempre.

Kristallnacht. La noche de cristal. Nos gusta tanto el cristal porque se puede romper. Por eso la palabra cristal tintinea y la palabra acero retumba, como las botas en las calles, como los golpes en las puertas. Pero cada vez que digo la palabra *kristall* oigo las botas y los golpes, los gritos, las sirenas de los bomberos que veían como ardía la casa de unos judíos sin hacer nada. Se limitaban a mojar las casas vecinas para que el incendio no se propagase.

El incendio, sin embargo, se propagaba. Llevaba mucho tiempo propagándose por los lánderes de Alemania y había empezado mucho antes de aquella noche, aunque fue esa noche cuando muchos empezamos a ver hasta donde llegaba el fuego. Pero como hacemos siempre los viejos, estoy comenzando las cosas por el final, alterando su orden natural. Para mí, para la gente de mi edad, todas las cosas están sucediendo al mismo tiempo. No hay antes ni después. Quizá a Dios le pase lo mismo. Pero tú eres joven. Necesitas el tiempo, que parece avanzar hacia alguna parte.

Aquel noviembre de 1938 yo no quería que el tiempo avanzara. A pesar de las malas noticias y del nerviosismo de mi patrón, era feliz por primera vez en mucho tiempo. También Maria era feliz, creo. Nos pasábamos las noches sin salir de nuestra habitación, pues los pasillos de aquella enorme casa estaban helados. Nuestra habitación tenía un gran radiador de hierro y estar allí era como estar en el cielo. Pasábamos las tardes después del trabajo sentadas en la cama, hablando hasta altas horas de la madrugada, a veces con las manos entrelazadas. Otras veces simplemente nos mirábamos en silencio. No podía comprender que Maria hubiera tenido una vida antes de conocerme, ni que yo la hubiera tenido tampoco. Me parecía que mi vida había empezado el día en que la conocí y la suya también. Del mismo modo me costaba imaginar que pudiéramos separarnos: para mí, el tiempo en que no estábamos juntas era tiempo perdido. Aquel trabajo de arrodillarse sin cesar delante de otros, de calzar pies ajenos, me había parecido al principio la ocupación de un lacayo, la labor de un siervo: no un trabajo, sino un castigo. Y ahora, cuando estaba en la zapatería con Maria, me parecía que nos deslizábamos a cinco palmos del suelo, que nos movíamos por encima de las cosas sin tocarlas y por eso no me costaba arrodillarme; lo hacía con la mejor de las sonrisas, porque debajo de mí sentía todo el tiempo un cojín invisible que no dejaba que nada me hiciera daño. Sonreíamos al mundo y las señoras venían de toda la ciudad a comprar nuestros zapatos y nuestra sonrisa. Se reía alto y fuerte en la zapatería del señor Rosenstein, y allí dentro nadie podría pensar que los tiempos eran duros.

Pero eran tiempos duros, allá fuera. No faltaba el trabajo y sobraba el miedo. Muchos temían por sus vidas, pero no nosotras: Maria y yo teníamos fe en la juventud y la felicidad. Las dos rechazamos varios pretendientes, sin contárselo la una a la otra. Las dos esperábamos lo mejor.

Y, sin embargo, pocos meses antes, cuando mi familia tuvo que mudarse a una casa más pequeña y no hubo sitio para mí, me había sentido horrorizada cuando el señor Rosenstein me propuso compartir la habitación con Maria, su otra empleada. Pensé en negarme, pero el señor Rosenstein no cobraba casi nada y yo contaba cada pfenick. Imaginé que de todos modos sería Maria, que había llegado primero, la que se negaría a compartir lo que era suyo, pero no lo hizo.

Al principio dormíamos en la gran cama tan separadas como fuera posible. No he oído hablar de nadie que se conozca en una cama, pero así fue entre Maria y yo. La vida nos hizo el favor de obligarnos a conocer nuestros olores, antes de reconocer nuestras formas de pensar. Me acostumbré al ruido de su respiración, a sus pequeños ronquidos de niña, a su manera de ser incapaz de moverse por las mañanas. Todo su ser pequeño y moreno fue entrando dentro de mí y, al poco tiempo, me parecía que siempre la había conocido, que siempre habíamos dormido juntas en la misma cama.

Y aquella noche estábamos sentadas en esa cama, fumando, pasándonos el cigarrillo, tosiendo. Maria no fumaba y yo jugaba a escandalizarla con mi nuevo vicio; en realidad, tampoco a mí me gustaba fumar, pero me excitaba, me hacía sentir una mujer fatal, bella y peligrosa como las mujeres que fumaban en las películas de Leni Riefenstahl.

Por eso fumaba, aunque el humo me pusiera los ojos rojos y aunque, al poco tiempo de fumar, no pudiera reconocer mi voz, como si esa voz ronca que se me quedaba no fuera mía, sino de un ser horrible que habitaba dentro de mí y estaba siempre a punto de romperme la traquea, de asomar la cabeza entre mis senos y empezar a gritarle a la gente lo que yo era en realidad.

Cuchicheábamos con las cabezas muy juntas. El pelo de Maria caía sobre mi pecho y me hacía cosquillas. Quizá por eso no oímos nada y lo que nos sobresaltó fue el olor a quemado que entraba por debajo de la puerta. Fui yo la primera en darme cuenta y, entonces, las dos comenzamos a oír los golpes. Estaban golpeando nuestra puerta y parecía que lo hacían con un bate de béisbol, porque los golpes retumbaban en toda la casa. Oímos gritos. Nadie salió a abrir. Se oyó una sirena.

Abrí la ventana. La casa de nuestro vecino, una manzana más abajo, estaba ardiendo. Había hombres armados por toda la calle y grupos de curiosos que se llevaban las manos a la cabeza. La sirena bramó. Un coche de bomberos aparcó delante de nuestra casa y casi se llevó por delante al grupo de las SS que avanzaba por la calle. Por un momento temí que nuestra casa estuviera también en llamas. Pensé que los bomberos apagarían el fuego, pero se limitaron a rociar con agua las casas cercanas. La calle se llenó de gente en camisa de dormir que había salido a ver el fuego: parecían fantasmas, vestidos de blanco entre los hombres armados de oscuro. Yo lo miraba todo desde la ventana, como si estuviera sucediendo muy lejos de allí. Todavía no sentía miedo. En ese momento, empezaron a arreciar los golpes y los gritos. Eran como un aguacero sobre la puerta. Uno de los gritos me devolvió a la realidad: «Abrid, perros judíos», decían. Desde la calle se oían voces que parecían los maullidos de una monstruosa gata en celo. Vi que los SS habían entrado en otras casas y que salían a la calle llevándose a una familia entera: la madre, el abuelo y el niño pequeño abrazado a un raído oso de peluche. Y entonces oí los gritos dentro de nuestra propia casa.

—Estamos perdidas —dijo Maria.

Me puse una bata y le pedí a Maria que se escondiera debajo de la cama. Era un escondite ridículo, pero no se me ocurría otro. Cerré la puerta de la habitación detrás de mí y me quedé de pie delante de ella, lo más erguida que pude, tratando de estirarme para parecer más alta. Estaba tan aterrorizada que no podía pensar. Nuestra habitación se hallaba en el piso de arriba, al lado de las escaleras. Oía abajo el ruido de los cristales al romperse, el golpe seco de las mesas al caer al suelo, el estruendo de la vajilla que rodaba por el pavimento antes de hacerse mil pedazos. Tres soldados subieron las escaleras de nogal rompiendo las lámparas de cristal de bohemia que la adornaban. Uno de ellos llevaba cogida por el hombro a la señora Rosenstein, que estaba vestida como para una boda y aparentemente tranquila. Sólo cuando se acercaron pude ver que llevaba un zapato de cada color. Los intrusos se acercaron a mí, pero yo fui más rápida.

Hice rápidamente el saludo nazi:

—Heil, Hitler.

Todos se vieron obligados a devolvérmelo.

«Heil Hitler», me cuadré y enseñé mi carnet de aria, que acreditaba que no tenía ni una gota de sangre judía.

—¡Una aria aquí! —exclamó el oficial—. Éste no es lugar seguro.

Pero ni sus hombres me tocaron ni yo me moví de delante de la puerta, mientras irrumpían en las otras habitaciones rompiendo y saqueando todo a su paso.

—¿Hay algún judío más aquí? —le preguntaban a la señora Rosenstein que, Dios la bendiga, encogía los hombros y respondía que no, que nunca lo había habido.

—Ya han visto que ella es aria. No hay judíos ni *misslinger* aquí.

Los soldados hicieron ademán de entrar en mi habitación, pero yo les corté el paso:

—Nadie va a tocar mi habitación, la habitación de una mujer aria.

La turba se alejó. Yo sabía que regresarían. Uno de ellos se quedó atrás. Me miró a los ojos y observó la puerta detrás de mí. Tenía los ojos verdes. Y supe que estaba perdida. Eran ojos a los que los míos no eran capaces de mentir. Él sabía que yo escondía algo. Entonces, regresaron los demás. El soldado de ojos verdes me sostenía la mirada. Nunca me han mirado así. Era una mirada de comprensión absoluta. De repente, yo también comprendí. Se acercó a mí y me apretó suavemente los hombros para apartarme de la puerta. Sus compañeros se acercaban ya a la puerta cerrada, delante de la cual él hacía guardia ahora.

—Respetad la habitación de la mujer. Es aria —ordenó.

Y con los ojos seguía diciéndome que todo estaba bien, que él nos protegía.

El oficial subió en ese momento y me saludó.

—Nos llevamos a los judíos sólo para protegerlos —me dijo—. Si sabe de alguno lo más seguro es que nos lo entregue: la gente está enfurecida por ese diplomático que un judío ha matado en París, y quieren venganza. Nosotros intentamos protegerles. Pero usted no puede seguir viviendo aquí, entre judíos.

Sus hombres bajaron las escaleras ruidosamente llevándose al señor y a la señora Rosenstein que les seguían como si fueran niños sorprendidos en una travesura. El último en marcharse fue el soldado que seguía mirándome. Hablamos con los ojos y nos dijimos más cosas en un segundo que en una vida entera. Toda mi vida he deseado volver a ver a aquel soldado.

Supe quién era y cómo se llamaba, pero nunca le volví a ver. Me dijeron que murió en un campo de concentración en Rusia. Ahora estoy segura de que pronto volveremos a encontrarnos.

Lo peor no son los verdugos. Lo peor es que el miedo se mete dentro de uno. Se entierra en tu piel como un gusano en la tierra y una mañana te encuentras con que tienes un policía en tu interior, una voz aterrorizada que te pide que denuncies al otro para salvar tu vida. Mucha gente buena denunció a sus amigos porque dejaron que la voz aterrorizada se convirtiera en su propio verdugo interior.

Yo también oía esa voz dentro de mí y lo malo es que la veía por todas partes. Ya no me fiaba de nadie. Mis hermanas me preguntaban si seguía viendo a Maria y yo les mentía, les contestaba que no. Ahora sé que ni mis hermanas ni mi padre me habrían traicionado, pero entonces tenía miedo de todos. Ese miedo era el peor de los castigos. La realidad se había vuelto un territorio sembrado de minas y yo caminaba por ella sin poder posar los pies, como si pisara todo el tiempo arenas movedizas.

Quizá por eso, en aquel tiempo comencé con los trámites para afiliarme al Partido Nacionalsocialista. Pensaba que era la mejor manera de proteger a Maria y de protegerme.

Ya no estaba segura de nada. Después de la Noche de Cristal, el mundo era un lugar desconocido, un poco más grande, más frío y más vacío que antes.

La casa de los vecinos ardió durante toda la noche e iluminó las calles que se quedaron desiertas. No hubo más luces, ni más pijamas, ni más curiosos. De vez en cuando oíamos una sirena lejana y un grito, pero la oscuridad y el silencio era lo que nos aterrorizaba. Estábamos solas en la gran casa de los Rosenstein y durante un largo rato nos abrazamos sin atrevernos a salir de la habitación.

Luego avanzamos por la casa a oscuras. Aunque hubiéramos reunido valor para encender la luz, de todos modos la electricidad no funcionaba. En las escaleras tropezamos con la ropa interior de la señora Rosenstein, esparcida por el suelo y colgando de las lámparas rotas. Pensé que esas lámparas se habían convertido en árboles de ahorcado y las ropas hechas jirones eran el fruto maduro de la locura. Pero eso lo pensé mucho tiempo después, porque ese día todo parecía banal, como si unos niños hubieran celebrado una macabra fiesta de disfraces y los padres estuviesen a punto de regresar para poner orden. Maria pisó el brazo roto de una de las muñecas de porcelana de la hija de la señora Rosenstein y se cayó rodando varios escalones, hasta que pude sujetarla. Salimos de la casa al amanecer. Nos abrazamos por última vez, mientras un alba lechosa consolaba los fuegos apagados de la ciudad.

Cada una regresó con su familia. Aunque los míos no tenían sitio, me lo hicieron. La familia de Maria la mandó a vivir con unas tías lejanas. Yo no quería separarme de ella. Intenté durante toda la noche convencerla de que nada había cambiado, de que todo podía seguir igual. Pero ella no atendió a razones.

—Tú no puedes comprenderlo. Tú misma lo has dicho. Tú eres aria.

Pero no quería serlo. Nunca me había interesado por los judíos, ni por su religión. Ahora que no vivía con Maria, conseguí colarme en su sinagoga que separaba a los hombres y las mujeres. Me pareció un templo de Babilonia, con toda la grandeza pagana que un templo puede tener. Me impresionó ese gran altar sin imágenes, que adora a un libro, que consagra un libro como lo más importante. No podía ser tan mala una religión que adora el saber. Maria me contó que, cuando un niño comienza a aprender la Torah, aún muy pequeño, ese primer día de clase, cuando está aún pegado a las legañas del sueño y al regazo de su madre, le dan a comer algo dulce, para que aprenda que todo lo bueno viene de los libros.

También me dijo que no quería que me acercara más a las sinagogas:

—Tú eres aria y debes seguir siéndolo. No debes acercarte a nosotros. No debes acercarte a mí.

Entretanto, los señores Rosenstein habían vuelto a casa. Nada les había sucedido, pero al día siguiente la zapatería amaneció embadurnada con grandes letras rojas.

Los Rosenstein nos convocaron en un café cerca de una iglesia y no en su establecimiento, al que tenían miedo de ir, para darnos una parte del dinero que nos debían y decirnos con ojos llorosos que no les quedaba más remedio que cerrar la zapatería y despedirnos. Si no sabían que sería de nosotras, menos sabían lo que sería de ellos. En cuanto pudieran, intentarían huir a Holanda.

—¿Huir de qué? No nos harán nada. Ya ha sucedido otras veces y siempre se ha calmado —dijo Maria.

—¿Qué nos van a hacer? No pueden matarnos a todos —repetía Maria.

Intentaron traspasar la zapatería, pero nadie quiso cogerla de las manos de un judío, como si el judaísmo fuese de repente una enfermedad contagiosa.

—Es contagiosa para ti, Gertraud. Corres riesgo. No debes verme más.

—¿Y si no puedo?

—Podrás.

Los Rosenstein desaparecieron un día y nadie supo decirme si habían escapado a Holanda o si los habían arrestado.

A veces pasaba delante de nuestra zapatería. Los cristales estaban rotos. Hacía tiempo que yo ya no leía la pintada en letras rojas. Sabía que decía CERDOS JUDÍOS. La había visto tantas veces que no necesitaba leerla. No quería leerla. Miraba hacia dentro y pensaba en lo felices que habíamos sido Maria y yo en aquel local oscuro, hacía tan sólo unos meses: ahora parecía que todo aquello había sucedido hacía muchos años.

Ella se había replegado en los suyos. Ahora sólo salía con chicas judías. Aceptó a uno de sus pretendientes judíos. Dejé de verla. A los tres meses me dijo que se casaba.

—Los nuestros tienen que permanecer juntos.

«Y tú no eres de los nuestros.» Pensé que me lo diría, pero no lo dijo. Quería ser de los suyos, pero no lo era. Ahora el mundo se dividía en ELLOS y NOSOTROS sin que se supiese muy bien quiénes eran ellos y quiénes éramos nosotros.

Pensé que la había perdido para siempre.

Llamaban a mi puerta. Por un momento temí que fueran los nazis, pero pronto volví a la realidad. Estaba en casa de Werner. La fiesta no había terminado. Los nazis eran el pasado. Werner era el presente y el presente estaba furioso porque llegábamos tarde. Escondí como pude la carta debajo de la almohada. Todavía me quedaba mucho por leer. «Quién sabe qué otras cosas querrá contarme mi abuela», me dije. «Cosas que quizá yo no quiera saber», pensé.

—Nunca es demasiado tarde—me excusé, pero Werner me arrastró furioso hacia su coche.

Empezaba a fastidiarme aquel empeño en llevarnos a una *kermesse,* el equivalente alemán de las verbenas que Fátima había conocido hacía mucho en su país. Y allá nos fuimos en una comitiva de coches descapotables que mantenían entre sí complejas relaciones de miradas de luces, de guiños y pitidos como si flirteasen a espaldas de sus conductores.

La *kermesse* se celebraba en una pequeña ciudad dormitorio, donde vivían muchos de los trabajadores de las enormes mansiones de la región. Era un pueblo nuevo, donde todavía no había muerto nadie. Resultaba agradable a la manera en que a veces lo es un jabón neutro sin ningún perfume.

Imagino que Fátima había soñado aquella fiesta de otra manera, porque la *kermesse* le decepcionó. Consistía en una gran tienda de campaña con un improvisado tablado de madera y bancos enormes repletos de muchachos sonrojados que comían y bebían.

Una banda local tocaba canciones populares, cuya música y letra se parecía tanto que el cambio de balada se notaba tan sólo porque la fornida camarera con bigotes traía una nueva jarra de cerveza.

Fátima miró a la gente en los bancos y luego a su alegre pandilla. No podía dejar de darse cuenta de la belleza de rasgos de sus acompañantes que contrastaba con los rostros abotargados, todos con un vago aire de familia que abarrotaban los bancos repletos de parroquianos algo borrachos. Le habían dicho hacía tiempo que los ricos siempre eran más guapos que los pobres, y en aquel momento los ricos que la rodeaban le parecían no sólo más guapos, sino que sus ojos brillaban de un modo distinto y se mantenían bien erguidos, mientras los otros —sin duda campesinos y obreros de alguna de las fábricas vecinas— inclinaban a menudo los hombros hacia el suelo. Este ademán, hijo del cansancio y la falta de cultura física, también los hacía parecer menos hermosos. Los siglos precedentes, en que los señores habían robado a sus siervos las siervas más hermosas, habían mejorado la raza. Sucedía que una mujer demasiado hermosa, como un hombre demasiado inteligente, era enseguida arrebatado a la heredad de los pobres, y asimilado por la clase superior. Los de abajo perdían hasta sus hallazgos genéticos.

Y después, la vida de las clases superiores: el ejercicio al aire libre, la buena alimentación, la higiene cotidiana, todo eso de generación en generación, les ponía medio escalón evolutivo por delante de aquellos seres embrutecidos desde niños por el trabajo y la mala comida. Y ahora que había llegado el estado del bienestar y había comida para todos, unos comían hamburguesas y otros caviar.

La ropa, la cosmética y los ideales de belleza en boga, inventados siempre por los que tienen el poder para que se parezcan lo más posible a ellos mismos, culminan el proceso. Cuando no todos tenían comida en abundancia y el trabajo físico era para los pobres, inventaron cánones de belleza generosos y orondos. Ahora que Europa da de comer a todos los ciudadanos, y la mecanización obliga a pasarse horas y horas en actitud sedentaria, el canon es para los que tienen tiempo y dinero para dietas y gimnasios.

Fátima me contaba todo aquello al oído mientras la música se hacía más y más ensordecedora, hasta que casi no podía oírla sino sólo adivinar sus palabras. No sé si pensaba todo eso en serio o sólo quería impresionarme. Pero mientras me hacía todas aquellas reflexiones, ella misma opinó que no eran suficientes para explicar la cegadora revelación que le envolvía y que parecía surgida de los vapores del alcohol que no había bebido. Su cerveza se le calentaba en las manos al calor de su mirada de fiebre que no la dejaba beber.

Aquella gente no sólo se le antojaba fea y de aspecto innoble, sino que le parecía vestida de gris, aunque en verdad no fuera así, porque lucían colores vivos. Mientras que sus acompañantes mostraban rostros brillantes y reflejaban más luz de la que recibían, como si sobre ellos hubiese un foco que nadie veía. Y ella estaba allí, al lado de Constantin, el hijo del hombre más rico de la región, y de Werner y Ulrich, hijos de nobles desde antes del nacimiento de aquel pueblo, al lado de aquellos jóvenes despreocupados que no sabían que sus frentes despedían la luz de las sales minerales que atesoraban desde bebés.

Y sin embargo ella había nacido entre las gentes grises que contemplaba con espanto. Le daba miedo pensar que ella también era gris y que todo el mundo podía darse cuenta de ello. Recordaba que yo le había dicho en una desafortunada ocasión:

—A alguna gente se le nota mucho, pero a ti no se te nota nada…

—¿El qué?

—Lo de venir de la clase baja, quiero decir.

Y aquel día ella había pensado que no era ni alta ni baja, ni una clase ni una historia, sino una persona y se llamaba Fátima Sarmiento.

En medio del fragor de la *kermesse* se dio cuenta de que todo el mundo pertenecía a una clase, incluso cuando no le gustara, incluso aunque renunciara a ella. Había creído que los intelectuales no eran de ninguna clase y por eso había intentado unirse a ellos. Pero los intelectuales también pertenecían a una clase. Quizá formaran la suya propia, pero clase al fin.

La lucha de clases había levantado aquel muro que ya no existía. Empezaba a decirse que ya nadie creía en las clases sociales, que sólo eran nombres que aparecían en los libros. Lo único importante ahora era aprender a dejarse llevar por la corriente, por las fuerzas de la vida, para que ya no le hicieran más daño. Tanto tiempo luchando por oponerse a las injusticias del mundo y de su persona sólo para rasgarse como una hoja que se opone a la fuerza del río que la arrastra. Lo único que quería ahora aquella hoja era quedarse prendida en el recodo del río que le pareciera más bello.

Se distrajo tanto con esos pensamientos que los demás parecieron dejar de verla: acabaron hablando entre ellos en alemán, y era como si ella ya no estuviese allí. Quizá por esto, y porque había demasiada gente, comenzó de nuevo a sentirse muy pequeña. De niña tenía sueños en los que los demás se agrandaban y ella se empequeñecía hasta que se volvía tan diminuta que sin verla la pisaban. No la aplastaban por crueldad ni voluntariamente, sino porque no la veían. Como ella misma había aplastado hormigas y como Dios la aplastaría a ella.

En aquel lugar la llamaban *die Kleine spanerin*, la pequeña española, y yo le decía que aquella noche todos estaban allí para verla. Me contaron que Eric y Constantin habían venido sólo para ver a la española. Eric nos sorprendió llegando en bicicleta, sólo para ver sus trenzas negras. Su padre le había confiscado el coche tras alguna gamberrada. Pero aquella noche, por algún poder mágico de la cerveza que no había bebido, quizá se había hecho demasiado *Kleine* para ser una mascota aceptable, demasiado *Kleine* para seguir siendo *Cute*, demasiado pequeña para seguir siendo encantadora; tan pequeña que ya no tenía el atractivo de un cachorro, sino que emanaba la repulsión que inspira el pequeño género de las cucarachas.

Como si hubiera oído sus pensamientos, el grupo decidió, con esa lógica dictatorial propia de los grupos demasiado numerosos, que quería irse de allí, que ya habían visto bastante, mezclándose con aquellos otros que no eran de los suyos.

En medio de la pequeña desbandada, y como no había coches para todos, sin saber muy bien cómo se había producido el reparto, Fátima se encontró no en el coche de Ulrich, ni siquiera en el de Werner, sino en el Constantin. Su coche era un descapotable pequeño que parecía más destartalado que los demás. Yo ya le había advertido que el padre de Constantin era el hombre más rico de la región, el dueño de la pequeña industria local y de fabulosos negocios inmobiliarios en Hamburgo.

—Dicen que incluso está haciendo negocios en China. Por eso, fíjate bien, Constantin te parecerá el más humilde de todos los chicos con su coche destartalado. Es la muestra definitiva de su riqueza. Si tienes dinero, no necesitas aparentarlo. Todo el mundo lo sabe, y tú lo demuestras porque tu coche roto es un desafío, una provocación para los nuevos ricos que, por mucho que se carguen de joyas, no lograrán nunca alcanzarte.

El coche de Constantin era una verdadera antigualla comparado con el de Ulrich, y a pesar de los intentos por sintonizarla, la radio no funcionaba.

—Cantaré para reemplazar a mi radio —dijo Constantin, que era menudo, pecoso, de facciones tan delicadas que tenía rostro de mujer. Era un placer escucharle hablar inglés con el acento de la Reina. Lo aprendió de su *nanny* escocesa y lo había perfeccionado en sus años de Cambridge. Hablaba con dejadez musical arrastrando las vocales con pereza, como si estuviera muy cansado y ya lo hubiera visto todo.

Con ellos viajaba otra muchacha en el coche, con un nombre que Fátima nunca pudo recordar, porque cuando iba a pedirle que se lo repitiera, otro descapotable se detuvo delante y la chica desapareció tan rápido como el eco de su nombre. Pero antes comenzaron a hacer juntas los coros mientras Constantin cantaba:

—*Qué será , sera. What ever will be, will be....*

—*Cuando era pequeño le pregunté a mi madre, si sería rico , si sería hermoso y ella siempre me respondía...* —cantaba otra vez Constantin con notable sentimiento, como si comprendiera la angustia de aquellos que realmente no habían sabido qué sería.

—*Que será, será...*

—*Lo que haya de ser, será...*

Fátima no podía encontrar la música más apropiada, y se embriagaba con aquella sencillez que allí resultaba el mayor de los lujos. Aunque pudiese pensarse que el placer de Constantin cantando en su coche porque la radio no funcionaba era igual que el de cualquier muchacho de suburbio que no tenía dinero para comprarse una radio, el placer de Constantin venía de que él había elegido cantar: en cualquier momento podría pagar una orquesta si quería. En verdad había elegido divertirse sin su radio. No había amargura en su elección, había goce y desafío. Constantin podía elegir irse a trabajar a una gasolinera si hubiera querido, si aquello le divertía, pero el chico de la gasolinera lo hacía porque no tenía opción, y eso no resultaba divertido. Los ricos pueden ser pobres si quieren. Los pobres no pueden ser ricos aunque quieran, por eso son pobres

Toda su filosofía barata no conseguía distraerla del hecho fundamental de que, al final de la fiesta, había quedado fuera del coche de Ulrich. No creía que estuviese enamorada de Ulrich. No había estremecimiento. Ni mariposas en las tripas, ni temblores, pero tampoco quería engañarse a sí misma: el hecho de no estar con Ulrich le producía una especie de dolorosa obsesión. Se había acostumbrado a su acoso constante, a su permanente lucha por hipnoztizarla, y le echaba en falta como si fuera una droga a la que estaba empezando a ser adicta.

—¿Qué pasará si no le vuelvo a ver? —y aunque no encontraba una respuesta a esta pregunta, tenía la certeza de que algo acabaría pasando.

No sabía a qué atribuir aquel repentino abandono. Y ninguna de las explicaciones que se le ocurrían le hacía excesivamente feliz.

La madre de Fátima le había asegurado muchas veces que cuanto menos caso le hacían, más caso hacía ella. Una de las situaciones que más sacaba de quicio a Fátima era que los tópicos se convirtiesen en realidad. Y cuando su madre tenía razón, aunque de alguna manera resultaba tranquilizadora aquella sabiduría ancestral, siempre le dolía como una ofensa personal.

Constantin estaba preguntándole algo que ella no había oído, así que le repitió la pregunta:

—¿Dónde crees que debo ir este invierno, a Suiza o a los Alpes Italianos? No, ya sé lo que vas a decirme, a ninguno de esos dos sitios…

Envidiaba esa posibilidad de ir y venir. Vivir allí donde uno escoje. Elegir. Ese era el gran poder del dinero, la posibilidad de escoger entre el frío y el calor, entre la lluvia y el sol, entre el Norte y el Sur.

Fátima estaba convencida de que el dinero compraba la libertad. Aunque una libertad que se vende ya no pueda llamarse libertad.

Debe tener otro nombre.

Yo todavía sigo buscándolo.

9

—A veces estoy convencido de que ya he vivido, de que ya he estado aquí... Debo de haber sido emperador o algo parecido —clamaba Constantin, con tal de no ir a casa de Werner.

—¿Y no te sorprende que todos los que se acuerdan de sus reencarnaciones, resulte que han sido Maria Antonieta o el Emperador de China, cuando lo más normal es que hubieran sido esclavos? —decía Fátima—. Además, si la reencarnación es cierta, teniendo en cuenta que al principio del mundo había unas pocas personas y ahora hay millones, hace ya varios siglos que debe de haber una escasez penosa de almas. Eso explicaría el mundo actual. Un alma hay que repartirla entre muchas personas para que alcance y claro, el producto se resiente. Siempre hay las mismas almas pero cada vez hay más gente. O sea que la gente cada vez toca a menos alma.

Constantin se reía:

—Eres maravillosa.

—Ahora bien, si la reencarnación es verdad, lo más probable es reencarnarse en alguno de los millones de personas pobres que se mueren de hambre. Es una simple operación matemática. Ellos son millones. Las familias que rigen el mundo son apenas ochocientas. Si la reencarnación es verdad, el gran negocio para esas ochocientas familias es mejorar las condiciones de vida de los pobres, porque casi seguro que en la próxima vida les va a tocar serlo.

—Eres una mujer extraña —repuso Constantin—. Creo que eso me gusta.

Le costó un rato convencer a Constantin de que no debían perderse en ninguna fiesta privada, sino encontrarse con los demás en la casa de Werner.

—¿De verdad crees que van a estar allí?

Ella mintió. Sólo podía cruzar los dedos y esperar que así fuera. No tenía la menor idea de adónde podían haber ido. Sin ella.

Como no hubo luces que disipasen la sombras de las farolas, la casa le pareció mucho más grande que el primer día.

Dieron la vuelta hasta el patio de grava donde se hallaba la puerta de servicio. No se percibía ningún ruido ni signos de movimiento, pero advirtieron dos coches aparcados junto a los setos. Y uno era el de Ulrich.

Constantin parecía conocer muy bien la casa, porque como un prestidigitador extrajo una llave enterrada en una maceta oval junto a la puerta.

—Nos están esperando —aseguró.

Atravesaron un pasillo inmenso por el que ella no recordaba haber pasado antes o que ya había olvidado.

Resultaba curioso, pero las casas grandes le infundían una seguridad ilusoria. Siempre había soñado con un largo pasillo que la protegiera del acecho de cualquier extraño, ese que entra sin que puedas evitarlo. Cuando su lecho estaba demasiado cerca de la calle, como ocurría en su miserable mansarda de París, sentía que su intimidad resultaba demasiado frágil. En aquella casa enorme, la intimidad de los propietarios se hallaba a salvo. Y el área de servicio era como un gran país desconocido en el que las puertas no eran de madera sino de pintura al aceite desteñida.

Sin embargo caminaba casi empujando a Constantin, tropezando con el aroma de su camisa que olía a resinas, o tal vez a algún perfume caro. Y los largos pasillos empezaron a no parecerle tan seguros. Las casas demasiado grandes, como ahora le parecía aquella, pueden tener muchos lugares que su mismo dueño desconoce, y parecen ocultar algo que él mismo ignora.

Acaso la morada perfecta era una casa ni demasiado grande ni demasiado pequeña, con un largo pasillo hasta la alcoba, hecha a la medida de aquel que las habita, a su imagen y semejanza.

La casa de los padres de Werner mostraba ese desmedido entusiasmo predicado por Fátima de los mamíferos hacia la casa. Era mucho más grande de lo que necesitaban. Y me aseguraba que su madre hubiera dicho que había demasiadas habitaciones que limpiar.

—Mi madre dijo eso porque nunca había tenido criados, creo que no hubiera sabido qué hacer con tantos como había en la casa de Werner. O acaso me equivoco, porque uno nunca conoce del todo a su madre —decía Fátima y se tapaba la boca con la mano.

La luz del salón, que apareció mágicamente tras una puerta discretamente abierta, la deslumbró. No hubiera podido recordar la salida. Observó que el marco de la puerta, a la luz de los apliques temblorosos del corredor, estaba decorado con la misma pintura aceitosa y blanca que uniformaba el área de servicio, sin embargo al otro lado, desde el salón, estaba perfectamente disimulado en una *boisserie* de roble.

En aquel rincón había un halógeno muy potente, también disimulado tras un busto de Platón. Su resplandor los deslumbró un momento, y tardaron unos segundos en distinguirnos a Werner y a mí, sentados en uno de los sofás con las piernas enlazadas y los cuerpos recién separados.

—No queríamos molestar —dijo Constantin en inglés.

Y Fátima le agradeció la atención. Todos nosotros olvidábamos constantemente que ella no entendía el alemán. Hubiera querido preguntar dónde estaba Ulrich, pero una irritación absurda se lo impedía. Acababa de caer en la cuenta de que Werner era el muchacho guapo del grupo, el que le interesó siempre. Debió acordarse de aquella fiesta de fin de curso para la que yo no quise dejarle un vestido. Yo que a menudo le tomaba prendas prestadas y sin pedirle permiso.

—Ulrich está en el jardín —les dije.

Pero Constantin no me siguió el juego, sino que obligó a Fátima a sentarse y entablar una conversación mientras le guiñaba el ojo. Ella se preguntaba si él tenía una buena razón para aguarnos la fiesta o si lo hacía sólo porque le proporcionaba alguna clase de placer. Decidió que se trataba de esto último.

Al poco tiempo se les unió Ulrich, que parecía haber estado esperando en el jardín algo o alguien que no llegó. Les sirvieron café.

Fátima y yo llevábamos varias noches casi sin dormir. Apenas pegábamos ojo. Comíamos muy poco. Nos mantenía en pie una fiebre incansable. En aquel tiempo me sentí inmortal. Creí que la materia no existía, que se podía vivir sólo de sentimientos y conversaciones como viven los dioses.

Esa noche, sin embargo, comenzaba a sentir cómo el tiempo me alcanzaba. Pedí más café aguardando el momento en que Constantin se despidiera y volviéramos a ser sólo dos hombres y dos mujeres. Fátima no esperaba lo mismo. Constantin le hacía sentirse mejor. Era evidente que ella le gustaba, pero su admiración era similar a la que hubiera sentido por un caballo árabe o un galgo de primera: desapasionada aunque cálida. Nada que ver con el brillo de los ojos de Ulrich mientras la miraba.

El salón estaba presidido por un gran retrato al óleo del bisabuelo vestido de púrpura entregando un sable en alguna derrota del pasado. Las familias ricas tienen historia, saben quién es el padre, el abuelo, el bisabuelo. Tienen retratos. A Fátima le sorprendía que no lo hubieran representado victorioso, pero el retrato era su victoria —argumentaba—. Sus tataranietos no sólo sabían quién era, no sólo conocían los hechos principales de su vida, su nombre y el de su esposa, incluso tenían su retrato, y el retrato les hacía compañía, como la sangre, como la estirpe. La familia de Fátima no tenía historia. Nadie sabía quién había sido el bisabuelo, no había fotos y mucho menos retratos al óleo. Los pobres también son pobres porque no conocen su historia —me repetía—. No hay una casa como la de los padres de Werner.

Algo que tocar. Algo a lo que agarrarse. Un lugar donde pisar el mismo suelo de los antepasados, sentarse en sus mismas sillas. Si no hay pasado tampoco hay futuro, sólo un presente en el que nada importa y sin embargo, por eso mismo, el corazón de los pobres late con más fuerza. Está obligado a latir ahora, a ser ahora, porque sabe desde ahora que todo lo que intente otros ya lo han intentado, que todo lo que consiga será olvidado, y al final todo será lo mismo: nada.

Fátima hablaba y hablaba y creo que sólo yo la escuchaba. El humo de los cigarrillos llenaba el aire de signos de interrogación. Los minutos podían comerse con cuchara.

Werner bostezaba y no nos hacía caso. Yo me aburría. Ya no sucedía nada interesante. Con la excusa de echarme un rato en la cama, que nadie discutió, me escabullí a la habitación. Ardía en deseos de saber qué era lo que había empujado a mi abuela a escribirme aquella carta después de tantos años.

Encontré otro trabajo, no en una zapatería, sino en una tienda de sombreros. Ahora era fácil encontrar empleo y mucha gente se afiliaba al partido nazi, porque tenían la barriga llena. La gente piensa más con el estómago que con el corazón. Pero a mí se me revolvían las tripas cada vez que veía una cruz gamada. Las cruces gamadas habían alejado a Maria de mi vida. No me invitó a su boda. Intenté acostumbrarme al mundo sin su sonrisa. Creí que podría hacerlo, pero no lo conseguí. Y, cuando ya no lo esperaba, volvimos a vernos.

Un día la vi de pie delante de la sombrerería, sonriendo, con la estrella amarilla de David cosida a su abrigo. Inventé una excusa cualquiera, una excusa inverosímil, y salí a abrazarla. No me preocupé de las leyes que prohibían las relaciones con los judíos, ni de las miradas malignas de mis compañeros de trabajo.

Nos veíamos ahora cada semana, incluso dos o tres veces. Por las tardes íbamos a comer pasteles, a una confitería en la que no les importaba si Maria era judía o no. Su matrimonio me había dolido, pero su marido resultó un hombre muy agradable que veía la amistad de Maria con una chica aria como la única posibilidad de salvación.

Todos los días intentaba convencer a Maria para que escapase. Yo la ayudaría. Mi plan era lle-

to para ser transferidos. Serán ustedes transferidos junto con su familia y todos los hebreos que pertenezcan a su casa.

2.—Hay que llevar obligatoriamente:

a) víveres para al menos ocho días;

b) tarjeta de racionamiento;

c) carnet de identidad;

d) vasos.

3.—Está permitido llevar:

a) maleta pequeña con objetos personales y ropa interior, mantas, etc.;

b) dinero y joyas.

4.—Cierre con llave su apartamento o casa y lleve la llave consigo.

5.—Los enfermos, incluso si están gravísimos, no pueden quedarse por ningún motivo. En el campo hay enfermería.

Durante un momento ninguno de ellos dijo nada y luego todos comenzaron a hablar a la vez. Discutían sobre todo de lo que tendrían que llevarse.

«Nadie va a ir a ningún lado —les dije—. No podéis ir. Tenéis que huir. Yo os ayudaré.»

Citaron a Maria y su familia para ir hacia la muerte como si fueran a una cita con el dentista. Y ellos estaban dispuestos a acudir, tan sólo con un poco de prevención, algo de miedo, no mucho, lo suficiente, casi igual que lo hubieran hecho en una cita con el dentista. Maria no dejaba de repetirme que sólo era un campo de trabajo, una humillación más, nada nuevo. Algún día se cansarían de perseguir a los judíos y los dejarían en paz.

Yo no estaba de acuerdo con Maria. Sabía de su salud frágil y de su sensibilidad. No me parecía una buena idea mandarla a un campo de trabajo. Eso pensaba yo entonces. Era joven y, por lo tanto, inmortal. No carecía de imaginación, pero tampoco podía imaginarme lo que iba a suceder.

Durante los días que siguieron a la llegada de la carta, discutían sin cesar sobre qué llevar al campo o qué dejar atrás y dónde dejarlo. Algunas cosas querían dárselas a amigos que no fueran judíos. Otras preferían esconderlas. Yo no podía creer que fuera la única que pensaba en escapar. No pude convencer a los demás, pero me bastaba con salvar a Maria.

Yo tenía familiares que vivían cerca de la frontera. Fui a buscar a Maria al amanecer. Llamé a la puerta y, como esperaba, ella fue quien salió a abrirme. Le dije que se vistiera y ella lo hizo sin hacerme preguntas. Había llevado conmigo dos bicicletas: la mía y la de mi hermana. También había traído las ropas de mi hermana, que igual que las mías no llevaban ninguna estrella amarilla. Por último, había cogido el carné de aria de mi hermana. Todo esto lo había hecho sin pedirle permiso, no porque no me lo fuera a dar, sino porque, si sucedía algo, quería que pudiese afirmar que no sabía nada y decir la verdad. Siempre se nota cuando alguien dice la verdad.

Conservaba una pequeña foto de Maria que llevaba siempre conmigo en mi cartera. La pegué como pude sobre el carné. La falsificación era tan mala que no hubiera engañado ni a un niño. Pero pensé que a menudo los hombres son como niños. Había añadido dos cestitas de mimbre con meriendas. Era domingo.

Expliqué mi plan a Maria y ella me siguió como lo hacía siempre, con una mezcla de resignación y esperanza. A cualquiera que nos viera le pareceríamos dos amigas que iban al campo a merendar. La frontera con Holanda no estaba lejos, y mis familiares vivían muy cerca. Confiaba en que pudiéramos llegar en un solo día. No teníamos salvoconducto. Pero tampoco teníamos elección.

Al principio todo transcurrió sin sobresaltos. Le dije a Maria que lo mejor era ir riendo y cantando canciones del III Reich. Cuando nos cruzábamos con soldados, les saludábamos alegremente con la mano. Lo importante era que no pareciésemos fugitivas. Se aproximaba el final del invierno. Por todas partes aparecían ya las flores y el campo estaba lleno de mariposas oscuras. Hubo un momento en que nos sentimos llenas de esperanza, seguras de que nuestro plan saldría bien.

Recuerdo con detalle aquella mañana. Salimos con las primeras luces, cuando el mundo todavía era en blanco y negro. Poco a poco, a medida que dejábamos atrás la ciudad, el mundo fue llenándose de colores y de olores. La primavera brotaba tímidamente en los campos. Me pareció ver flores que no había visto nunca y me llegaron olores nuevos. Nos cruzábamos con niños vestidos de domingo de la mano de sus padres, con burgueses que salían al campo en sus automóviles con chapas de plata reluciente y con campesinos que silbaban tras sus vacas. Olía a hierba recién cortada, a mantequilla, a nata y a estiércol. Una bandada de mariposas oscuras se posó en el cabello de Maria como si fueran joyas.

Yo pedaleaba con todas mis fuerzas. Sentía el viento contra mi flequillo. Maria tenía las mejillas arreboladas. Parecía más joven y reía todo el tiempo por cualquier cosa. Éramos felices con desesperación. Aún no sabíamos que aquella oportunidad era la última.

Hacia el mediodía comenzamos a sentir cansancio y una especie de ebriedad, como si hubiéramos bebido mucha cerveza. Llevábamos comida, pero no nos detuvimos a comer. Llegamos a un pequeño pueblecito con parterres de flores y vigas de madera en las casas, que parecían hechas de turrón. Te lo cuento porque, después de los bombardeos, quedaron muy pocos pueblecitos así en Alemania. Atravesamos por la calle principal y nos encontramos de frente con un desfile de los Niños Nacionalsocialistas. Decenas de niños rubios primorosamente peinados desfilaban bajo las banderas ante una tribuna de colores. Desde el público, sus padres les observaban arrobados y gritaban de vez en cuando *Heil Hitler.* Nos apartamos horrorizadas.

Era la belleza y la normalidad con la que la gente vivía todo aquello lo que nos horrorizaba. Nos metimos por una calle lateral y tropezamos de frente con un grupo de hombres uniformados. Creo que suspiré aliviada cuando vi que no eran ni las temibles SS ni las SA, sino simples agentes de la Gendarmería. Nos dieron el alto sin violencia ni acritud; más bien parecía un saludo amistoso:

—¿Cómo es que unas chicas tan guapas no se han detenido a honrar la causa y a nuestro Führer?

—Queremos ver vuestra documentación.

Sentí en la boca un sabor a metal. Dudaba de que el carnet de Maria soportase un escrutinio.

El que parecía el jefe se paró junto a mí. Era un grandullón pelirrojo. Tenía, todavía me acuerdo, un lunar rojo en la nariz que parecía un tomate. Olía a cerveza. Desabroché mi gabardina. Llevaba a propósito el mejor de mis vestidos, con un generoso escote bávaro. Saqué mi carné de aria y deliberadamente lo dejé caer al suelo. El grandullón se arrimó a mí cuanto pudo, disfrutando de cada grado de mi inclinación. Desde su posición él podía ver casi las areolas de mis pezones y yo podía oír su respiración jadeante. Yo también jadeaba. Estaba aterrorizada. Le tendí mi documento y le sonreí con tanta picardía como me fue posible.

Él me devolvió la sonrisa con lascivia. Quizá había pensado que mi jadeo no era de miedo, sino de deseo.

—No tenéis salvoconducto para viajar hasta aquí. ¿Qué hacéis tan lejos de casa?

Me apoyé en su brazo como si hubiera perdido el equilibrio al agacharme y le contesté casi al oído que éramos hermanas, como podía ver por nuestros documentos, que íbamos a ver a nuestra abuelita que vivía cerca de la frontera, que habíamos sabido que estaba enferma y, como era tan mayor, no podíamos arriesgarnos a esperar a tener el salvoconducto para verla.

Mientras, le había tendido mi carné abierto, tapando el de Maria de modo que pudiera ver sólo el nombre. Les echó una ojeada distraída y me pellizcó el brazo.

Su ayudante, que era delgaducho y con grandes gafas de culo de botella, estaba inspeccionando las cestas de la bicicleta con la mantequilla, la mermelada, el pan y la cerveza. Agarró la botella de cristal con cerveza, un chusco de pan y la mermelada.

—No creo que a la abuela enferma le haga mucho bien —dijo. Pero su jefe le ordenó que volviera a ponerlo todo en su sitio.

—Es verdad, si esperan por el salvoconducto, la abuela se les habrá muerto tres veces cuando lleguen.

El que había hablado así era un muchacho cojo que estaba detrás del grandullón. Me guiñó un ojo.

Vi que aquellas gentes no eran tan temibles, a pesar de sus uniformes. Es posible, incluso, que no fueran más nazis que yo.

—De acuerdo —concedió el jefe grandullón—. Pasad delante de la tribuna, honrad el nombre y el retrato de nuestro Führer e id con Dios a buscar a vuestra abuela. Y, ah, a nosotros no nos habéis visto.

Montamos otra vez en las bicicletas. Yo le hice un gesto de calma a Maria para que no nos alejásemos corriendo. Al contrario, nos marchamos agitando la mano y despidiendo a los soldados que nos lanzaban piropos:

—Guapas.

—Bombones.

Un piropo del grandullón me hizo estremecer:

—Sabemos dónde vivís. Iremos a veros.

Volvimos a la calle principal. Ahora estaban desfilando las Juventudes Nacionalsocialistas. Ya no eran niños, sino muchachos y muchachas uniformados que marchaban saludando con el brazo en alto ante una tribuna presidida por las autoridades y un enorme retrato de Hitler. Nosotras también saludamos y tratamos de gritar más alto que los demás, más alto que nadie, *Heil Hitler*. Pero siempre había alguien que gritaba más alto que nosotras y aún ahora pienso que era porque tenía más miedo o más secretos que ocultar.

Dentro de nosotros hay un pequeño Hitler y un pequeño o gran Stalin. Esto es lo que hace a Hitler y a Stalin tan temibles.

Evidentemente, eso lo sé ahora, con casi cien años. Entonces no podía saberlo.

Lo aprendí aquella misma tarde de primavera que todavía era invierno. Dejamos el pueblo atrás y seguimos pedaleando. Pasamos algunas aldeas y campos cultivados, perfectamente geométricos. Ya no éramos felices. Habíamos salido victoriosas, pero todavía temblábamos. Nos cruzamos con gentes que nos saludaban con la mano y hablaban con un acento distinto. Estábamos ya cerca de Holanda. Por fortuna, en Europa los países están cerca. No es como la península de tu amiga, que sólo está cerca de África y de sí misma. Unos pocos kilómetros separaban el Ruhrgebiet, donde nosotras vivíamos, de la seguridad y la libertad. Dentro de poco tampoco Holanda sería segura, no habría lugar seguro en Europa. Pero, entonces, nos pareció la tierra prometida. La casa de mis parientes estaba cerca. Esperaba que ellos nos ayudasen a pasar la frontera. Había mucha gente que ayudaba a los judíos a pasar de un lado a otro por dinero. Cosido a mi sostén llevaba todos mis ahorros en un pañuelo de seda. Aún no le había dicho nada a Maria.

En un cruce de caminos alguien había levantado un quiosco que daba sombra, con una fuente y un banco. Decidí que nos detuviéramos allí. Bajamos de la bicicleta y comenzamos a refrescarnos con el agua de la fuente. Estaba helada. Dejé que resbalara de mis sienes a mi pecho y comencé a mojar la frente de Maria. Antes de verles, les oímos. El ruido de las botas en el sendero, el silbido de las hebillas, el lamento de los goznes de sus bicicletas que ya nunca serían nuevas.

Eran el grandullón pelirrojo y su ayudante de las gafas de culo de botella. Ahora iban de paisano con trajes de domingo, que a uno le quedaba demasiado grande y al otro demasiado pequeño, como si se los hubiese prestado alguien que ni siquiera los conocía.

—¿Qué tal palomitas? —dijo el grandullón mientras avanzaba hacia mí y hacia mi gabardina, ahora cruzada sobre mi pecho.

Yo temblaba, petrificada. No sabía qué querían. Miré alrededor. Estábamos a cierta distancia del pueblo. Quise gritar, pero el grandullón me agarró por detrás y me tapó la boca, ahogando mi alarido.

—Creíais que nos habíais engañado con el cuento ese de Caperucita. He visto el *shaddai* en el cuello de tu amiga. Esa cosa que le ponen a los niños en la cuna para protegerles del mal. Pues bien, el mal ha llegado hasta aquí. Conozco bien a los judíos. Los conozco de cerca. Mi esposa era judía. Por supuesto, me he divorciado. Sois judías.

Miraba a Maria y al amuleto de plata que llevaba al cuello, mientras me sujetaba por detrás y me desabrochaba la gabardina. Sus manazas toscas se abrieron paso en mi escote y me arañaron el pecho. Intenté morderle la mano con la que me tapaba la boca, pero él me abofeteó hasta que comencé a sollozar, y seguía tocándome, manoseándome, pegándome con los puños cerrados. Me derribó. Sentía su aliento a cebollas sobre mí y su saliva me manchaba. Ya casi no podía respirar. Gemía y repetía que me soltara, que era inocente, que yo no era judía, que era ciudadana alemana y él no tenía derecho. No allí, de día, en la carretera, en Alemania.

Me pegó más fuerte y se rió alto. Su compañero permanecía inmóvil. No sé si gozaba o sufría el espectáculo. Entre mis lágrimas pude ver su boca abierta, mientras el grandullón me bajaba la falda y buscaba mi sexo con la mano izquierda y se exaltaba todavía más al reconocer la mata de los pelos del pubis, y yo aullaba, y él me pegaba otra vez. Y ya no vi más.

Vi rojo, hasta ver a Maria que se debatía en los brazos del otro. Y de pronto, no sé cómo, vi al delgaducho de las gafas que yacía en el suelo y a Maria que avanzaba hacia nosotros. Yo tenía ya las bragas bajadas, apreté los dientes y aguanté. Debía de haberme desmayado. El hombre estaba a horcajadas sobre mí, se había bajado los pantalones y en ese momento andaba concentrado en un trozo de carne minúsculo y flácido al que trataba de dar vida con sus manos. Sólo por eso no me había penetrado aún. Estaba tan absorto en su tarea que había olvidado la existencia de Maria. Así que no la vio, no pudo verla cuando ella avanzó a su espalda y le golpeó la cabeza desde arriba, una y otra vez, mientras el hombre hacía un ruido raro y se desplomaba sobre mí, aplastándome, con los pantalones bajados y su trasero rubicundo alzado hacia el cielo como si fuera un cerdo abrevando en el pretil. Y entonces yo grité, grité, grité, y me decía y repetía que aquello no estaba sucediendo, no podía suceder en Alemania.

Y en ese mismo momento llegaron los soldados.

Maria nunca supo explicarme cómo había sido capaz de coger la pistola que el delgaducho llevaba en la chaqueta. Me dijo que le quitó las gafas y le golpeó con ella. Yo nunca la hubiera creído capaz de algo así. Era de verdad la mujer más maravillosa del mundo. El grandullón también llevaba pistola, la había dejado a un lado, en el suelo, para facilitar sus movimientos, pero yo no había sido capaz de defenderme, de salvarme, de salvarnos.

Ahora estábamos en manos del oficial que comandaba los tres camiones de la Wehrmacht, el ejército regular, la infantería, que se desplegaba no sabíamos hacia dónde ni para qué.

Maria no había matado al grandullón pelirrojo como pensé en un primer momento. Estaba sentado en el suelo, agarrándose la cabeza y dando alaridos. Todavía no se había subido los pantalones. El mayor perdió la paciencia y le dio un puntapié.

—Son judías, lo hice por patriotismo —se defendió el grandullón.

—Si son judías, has infringido la ley que prohíbe tener relaciones sexuales con judíos.

—Pero si no he llegado a tenerlas…

—Porque nosotros hemos llegado a tiempo.

El mayor era muy joven. Los ojos grises, apenas una sombra de barba, muy rubia, casi transparente. Trataba de compensar su cara de niño con una voz autoritaria y un gesto impenetrable. En aquel momento, le temblaba una vena en la sien.

—Yo soy aria —dije casi llorando y me arrepentí de no haberme afiliado al Partido, hubiera podido salvarnos ahora.

Pero él había visto mis cabellos rubios y mis ojos azules. Era de nuestra ciudad.

—Te conozco —me dijo—. Eres la chica que trabaja en la sombrerería. No sé qué haces aquí. No quiero saberlo.

Antes de que pudiéramos responderle, el mayor nos dio la espalda y le ordenó al grandullón que se subiera los pantalones. Al larguirucho, que temblaba medio oculto detrás de su obeso compañero, ni le miró.

—En cuanto a vosotros, tampoco quiero saber más. Si no tenéis temor de Dios, deberíais tener temor del Führer. No puedo creer que a él le guste que las muchachas ya no puedan andar solas por los caminos.

Y luego se dirigió a nosotras:

—Pero las muchachas no pueden andar solas por los caminos, ya no. No tan cerca de la frontera. No tenéis salvoconducto. No quiero saber si alguna es judía —dijo mirando de reojo a Maria—. Los judíos que lo merezcan serán deportados. Eso ya no es asunto mío. Yo os devolveré a casa y diré que os he encontrado a pocos kilómetros. Nuestro regimiento va para allá.

—Y vosotros tened cuidado —dijo al grandullón y a su amigo—. Podría acusaros de tener relaciones con judíos o de violar a una muchacha aria. Pero no lo haré por el honor de la muchacha. Yo también tengo una hermana de su edad.

—Si pensabais huir a Holanda, es imposible —añadió casi en un susurro cuando nos conducían al camión—. Os hubieran matado. Después de todo, habéis tenido suerte. No volváis a intentarlo.

Regresamos a casa en un camión militar. Sollozando y con la cabeza gacha. Yo perdí mi empleo, pero me dejaron ir. Detuvieron a Maria, pero quedó libre al día siguiente. Quizá habían visto lo cerca que estaba la fecha de su deportación. Sabían que ya no escaparíamos. Que habíamos comprendido que no había lugar adonde escapar.

Después, muchas veces, en las pocas semanas que nos quedaban, le pregunté a Maria si era verdad que el hombre no me había violado. Temía que lo hubiera hecho mientras estaba desmayada y sabía que Maria nunca me lo diría, que nunca me haría aquel daño. Pero ella se limitaba a reírse y a abrazarme. Pronto se acabaría el tiempo de los abrazos.

La casa de la familia de Maria era una casa de varias habitaciones como un corredor. Cada habitación comunicaba con la siguiente. Dejamos la puerta de la casa abierta y las puertas de todas las habitaciones abiertas, y nosotros nos escondimos en la última habitación. Desde fuera, daba la impresión de una casa vacía y abandonada a toda prisa, como muchas del edificio. Pero Judit, la hermana de Maria, tenía sólo cinco años. Sintió miedo y salió corriendo a la escalera, justo en el momento en que los soldados subían por ella. La niña de cinco años se encontró con docenas de soldados que no tendrían más de veinte y subió corriendo escaleras arriba, chillando aterrorizada y llamando a su madre, y llevando a los alemanes tras de ella a la trampa sin salida en la que nosotros mismos nos habíamos metido.

Desde entonces no soporto ver partir los trenes.

Me parece que cuando un tren se va siempre hay una vida que se acaba, una oportunidad que se pierde, alguien que se despide para no volver. Las estaciones son como los cementerios, porque en una estación la vi por última vez y todas las estaciones me recuerdan el día en que ella se fue.

Desde ese día no sé si creo en Dios, pero creo en el Diablo. El Caos no puede ser tan perverso y, si Dios existe, no puede permitir algo así. De modo que, si existe Dios, tiene que existir el Diablo.

Yo no la vi partir. Cerré los ojos cuando subía al tren. Quise ir con ella, pero no me lo permitieron. Yo era aria pura, de padres arios, lo quisiera o no. Me pusieron una fuerte multa. Nadie me saludaba. Pero no me dejaron ir con ellos.

Los hicieron subir a un vagón con un montón de gente, con sus pequeñas maletas, con las llaves de sus casas colgadas al cuello. En el último momento, Maria me entregó su *shaddai*, el pesado amuleto de plata que siempre llevaba consigo. Me dijo que tenía la misión de proteger a sus hijos y que ahora era para mí, para proteger a los míos, hasta que volviéramos a vernos.

—Eso será muy pronto —dije yo. Pero no sé si me oyó, porque ya la habían empujado hacia el tren. Ella me había consolado durante toda la noche anterior, diciéndome que no pasaría nada, que no podían matarlos a todos. Al final, yo les había convencido para que no se presentaran voluntariamente a la deportación. Mi última esperanza era que no vendrían a por ellos.

Pero vinieron. Yo esperé. Espere en la habitación del fondo, agarrada a la muñeca de Maria que daba la mano a su esposo. Así se los llevaron.

Los llevaban en trenes y nosotros no podíamos ver a dónde iban. Los trenes circulaban de noche. Por todas partes, a media voz, se podían oír historias sobre los terribles campos donde el trabajo hacía libre a los esclavos. Nadie los había visto.

Durante meses no supe nada de Maria.

Me puse a tejer unos guantes de lana para Maria, que sufría tanto el frío. Con facilidad le salían sabañones y todo el mundo decía que los campos de trabajo estaban en Polonia, donde podía nevar en mayo. No se me ocurría otra cosa que tejer día y noche, guantes y calcetines de la mejor lana de Alemania para mi amiga, para mi adorada. Pensaba que esos guantes podrían abrigarla en el campo, podrían protegerla de la crueldad de los hombres y de su estupidez.

Meses más tarde, cuando estaban a punto de fusilar a Maria, ella llevaba puestos los guantes que le regalé e iba calzada con los calcetines que yo le había tejido. Al menos tuvo un poco menos de frío delante del pelotón de fusilamiento.

Tracé un plan.

Iba a rescatar a Maria.

Lo primero era saber dónde estaba.

Puede que todo hubiera sido diferente si yo no hubiese estado tan enfrascada aquella noche con la lectura de la carta de mi abuela. De vez en cuando oía el sonido del cristal que entrechocaba, oía las risas y los susurros, pero poco a poco dejé de oír, embebida en la historia de aquellas dos mujeres. Decidí que tenía que ir a ver a mi abuela, que no vivía muy lejos de allí.

Pensando en mi abuela, en la que había sido y en la que era, me olvidé de Fátima. Me olvidé incluso de Werner, hasta que sentí su respiración en mi nuca. Sólo entonces dejé de leer la carta de la mujer de casi cien años.

Fátima me contó que habían bebido mucho. Dos o tres botellas de champán. Ella también. Y naturalmente, se rieron mucho. Ella también, sin entender las bromas. Y cuando se dio cuenta de que estaba a solas con Ulrich, no pudo recordar desde cuándo. Los otros habían desaparecido como las burbujas de la botella de champán.

Se tambaleó sobre la puerta. Tropezó. Tuvo miedo de despertarme y encendió la luz. Pero la cama estaba completamente vacía. Aquella noche yo dormía en otro lecho. Fátima se ahogaba. Abrió los ventanales y contempló la piscina, ahora protegida por su persiana de madera verde. Le recorrió un escalofrío. En otra parte de la casa se oyó un motor que arrancaba. Presintió que se trataba de Ulrich.

Rodó sobre aquella cama en la que una vez habían dormido cuatro personas. Se sintió muy sola. Tenía las mejillas saladas. Yo sabía que el alcohol siempre le recordaba a Xabier. Los dos tenían la misma estrella en la palma de la mano. Decían que significaba genio o locura. Después de su muerte, una bruja le contó que el verdadero significado de la estrella era un designio de vida eterna. Se rió amargamente, pero la vieja añadió que su compañero vivía ahora dentro de ella. Y ella le creyó, entre otras cosas porque en ningún momento le había dicho a la bruja que su compañero había muerto.

Unos momentos antes, cuando se había caído al agua y la persiana de madera avanzó a toda velocidad hacia ella, hasta casi encajonarla entre las paredes de la piscina como en un ataúd, en ese breve instante mientras se atragantaba con cloro, pensó en Xabier. O mejor dicho, pensó que era Xabier, que se ahogaba sin que ninguno de sus amigos pudiera salvarle.

La muerte del ahogado era terrible. En su adolescencia el hermano de una chica de su clase se ahogó en una piscina pública. Fátima nunca llegó a conocerle. Pero su compañera le trajo una foto y mientras ella observaba los ojos verdes del chico, le contó cómo descubrieron el cadáver. Era la hora de cerrar la piscina pública, y los amigos de

Mario —ése era el nombre del muchacho— le buscaban por todo el polideportivo. Sus ropas seguían en la taquilla, y ellos pensaron que no era posible que deambulase por la ciudad en traje de baño y descalzo. A las doce de la noche los coches de la policía aparcaron frente a la gran piscina olímpica alumbrándola con sus faros. El agua aparecía turbia de bronceador y sudores. No se veía el fondo.

Cuando el hombre rana emergió, fue el padre de Mario el primero en oírle decir: «Está allí abajo». El pobre hombre cayó a la piscina y la policía le salvó de ahogarse, como su hijo que flotaba boca abajo cerca de un desagüe.

Sus amigos repetían que lo más terrible era que toda la tarde habían estado riendo y chillando sobre su cadáver.

El día de aquella confesión Fátima tenía catorce años, la misma edad que Mario el día de su muerte. Comenzó a llorar sobre la foto del desconocido hasta que su amiga tuvo que consolarla. Todo aquello había sucedido muchos años antes. Pero ella lloraba como si estuviese de pronto enamorada del muchacho que ya no podrían presentarle. Nadie entendió su desconsuelo pero fue la primera vez que comprendió la muerte. Soñó muchas noches con Mario, y aún ahora podía recordar perfectamente aquel rostro que nunca había visto.

Cuando Xabier murió de la misma forma, comprendió que de alguna manera su dolor por aquel ahogado era un dolor premonitorio. Como si ya hubiese recordado lo que era el amor y la pérdida, antes de haberlos conocido. Su dolor por Xabier era el mismo que había sentido por aquel muchacho desconocido.

Y esa noche, cuando se vio atrapada por la persiana de metal que no le dejaba salir de la piscina, mientras Ulrich accionaba el mecanismo para liberarla y la estrechaba en sus brazos, se sintió como Xabier y como Mario. Toda la desesperación de sus muertes le golpeó en la frente. Sollozaba convulsivamente en los brazos de Ulrich, que sintiéndola tan abandonada y tan a su merced, ya no intentaba arrancarle caricias sino que la acunaba. Él sin duda creyó quc sc trataba de un ataque de histeria. Fátima no lloraba tanto por sí misma, por el susto o la ansiedad del accidente, sino por la certeza recobrada de aquellas dos muertes que eran como la suya propia.

Había comenzado como un juego. Ebrios los dos, de champán ella, de vino y de deseo él. Se persiguieron entre las butacas de salón y luego por el jardín, detrás de los árboles y sobre la hierba. Ella tropezó y rodó sobre sí misma varias veces. Él le hacía cosquillas que en ocasiones amagaban caricias. Su falsa resistencia le excitaba. La sujetaba contra la tierra húmeda mientras ella volvía la cabeza y él besaba el césped. Introdujo la mano bajo su falda y entre las bragas de seda hasta llegar a la fuente del calor. Encontró un bosquecillo rizado y siguió hurgando aunque Fátima chillase. Pero entonces la miró a la cara y vio que el juego ya había terminado. Por un momento temió que fuese virgen, como yo le había insinuado.

En esa vacilación ella se había desasido. Las luces del jardín estaban apagadas. Mientras corría tropezó con el mecanismo de aquella persiana que cubría la piscina para protegerla de las hojas caídas y los pequeños animales muertos. Se precipitó cuan larga era sobre el agua, y en ese mismo momento, el botón oculto entre los helechos, empujado por el peso de su cuerpo, se accionó. Con un chirrido, la persiana se desplegó por encima de su cabeza, obligándole a sumergirse en el agua para que no le golpeara la frente.

Tuvo que nadar, cada vez más deprisa, más deprisa que la persiana accionada por electricidad, deprisa, para poder seguir alzando la boca anhelante hacia el aire. No se le ocurría cómo salir de la piscina y antes de que lo hubiera pensado, la persiana la cubría completamente como una segunda bóveda de cielo negro. El acero se ajustaba al agua como un pérfido guante. No había cámara de aire entre las dos. Sólo un pez hubiera podido respirar allí, para morir poco después envenenado por el cloro.

Por fortuna el mecanismo era tan rápido para enrollarse como para desplegarse. No habían pasado más que unos segundos, pero ella ya había tragado agua cuando Ulrich la sacó de la piscina.

El muchacho se sentía como si le hubiera salvado la vida, y la certeza de esa deuda asustaba el deseo feroz que había sentido unos minutos antes. No quería hacerle daño. Le besaba el pelo y se lo peinaba con los dedos. La llevó en brazos hasta la casa y la depositó sobre un sofá. Hubiera podido poseerla en ese momento, ella no se hubiera resistido, pero su deseo había cambiado de forma, ahora deseaba que Fátima le amara. Pero al mismo tiempo sabía que él no podía corresponderle.

Fátima lamentaba que él se hubiese ido. Era la primera vez que dormía sola en Alemania, aunque las otras noches lo hubiera hecho con compañías no esperadas. Necesitaba compartir su cama. Odió a Werner y me odio a mí por no estar con ella. Nos odió por estar juntos. Lloró mucho antes de dormirse. Incluso le pareció que seguía llorando en sueños.

10

OYÓ UN TIMBRE APAGADO PROLONGÁNDOSE EN sus oídos. Adivinó un despertador. Siempre que por las mañanas sonaba el despertador, abría los ojos pero le costaba despertar. Permanecía largo rato en la cama invadida por la languidez, dejando que los contornos de los objetos penetrasen lentamente en sus ojos, hasta encontrarse despierta como por sorpresa, sintiendo que la realidad le había invadido a traición. En esos momentos los límites de las cosas no le parecían creíbles, y pensaba que ella misma se prolongaba en las sábanas y se deslizaba horizontal hasta el suelo, escapándose por las líneas de las paredes para encontrar alguna forma de infinito.

Aquella mañana también se sentía así, y como la habitación aún no le resultaba conocida, podría permanecer más tiempo entre la realidad y los sueños. Porque aquel nuevo escenario le parecía el del último sueño, el único que se recuerda al despertar.

Había amanecido húmeda sin saber por qué. El recuerdo de la noche pasada y la lucha con Ulrich le parecía otro ensueño más. Había resistido quizás porque temía que él pensase que ella era demasiado fácil. O quizás por orgullo. Desconocía sus propios motivos, pero sumergida en las voluptuosas almohadas se arrepintió de no habérsele entregado.

Entonces vio una mano fuerte que se introducía en la rendija de la puerta corredera, que se apartó con un golpe seco, dejando pasar a una alucinación tan parecida a Ulrich que podría ser el mismo Ulrich.

Él le tapó la boca con la mano y se introdujo entre los tejidos del lecho, y luego entre sus entrañas, haciéndole daño primero y resbalando después.

Ella trataba de resistirse y se agitaba, pero Ulrich no la dejó gritar, y la aplastaba con su fuerza hurgando dentro de ella hasta robarle un estertor no deseado.

Sólo cuando él corrió la puerta y la dejó sola en la habitación vacía, Fátima se convenció de que todo aquello había sucedido de verdad, y a pesar de ese convencimiento dudó todavía un buen rato si se había tratado de una violación o de un sueño.

A Fátima siempre le había parecido que cada etapa de su vida era como una gasa de la cebolla que se apartaba. Ella había nacido en el interior de una gran cebolla, en el más profundo de los círculos concéntricos donde las restantes capas de la cebolla no dejaban ver la luz y la realidad resultaba difusa. Cada vez que había creído dar un gran salto hacia delante, había sentido cómo un cuchillo invisible rompía uno de los velos de la cebolla madre, y el mundo a su alrededor se hacía un poco más grande, porque de pronto entraba más luz y todas las cosas parecían distintas. Esa fue la sensación que tuvo en aquel momento. Como si, de repente, hubiera más aire en la habitación. Quería que Ulrich probara ese aire nuevo.

Me confesó que, después de la muerte de Xabier, a menudo tenía que morderse los puños para no ponerse a gritar en plena calle. Se subía a las azoteas de los edificios engañando a las empleadas de la limpieza para gritar por encima de los tejados, entre cubos de plástico y excrementos de palomas. No podía llorar. A veces sentía descorrerse una cortina roja delante de los ojos y no podía respirar. Los demás que la veían sin lágrimas, moviéndose todavía más febrilmente por las calles, golpeando las puertas de los despachos y acariciando las carpetas de cuero de otros, pensaban que lo único que le importaba era la beca que la sacaría de allí y que, o bien Fátima era una mujer increíblemente fuerte, o bien nunca había querido a Xabier.

Nadie imaginaba entonces el cuchillo que le partía en dos las tripas cada noche, escarbando con furia en una herida por la que hacía mucho que se le había desangrado el alma. Cuando se animó a acudir a aquella fiesta creyó que hacía tiempo que ya no tenía corazón, y que podría sustituirlo por un revoloteo frívolo. Antes de que se diera cuenta de que sentía algo por Ulrich, ya era demasiado tarde. En el antiguo vacío indoloro unos restos blanduzcos le recordaban que aún era capaz de sentir, y con ella regresaba el dolor postergado, que había metido en el frigorífico, fresco y cortante como el día en que congeló sus sentimientos.

Creo que Fátima amó a Ulrich porque le devolvió la capacidad de sufrir.

Supo que le encontraría allí sentado, solo, a la mesa del jardín, debajo de la sombrilla blanca, frente a la piscina cubierta por la persiana que se iba manchando por momentos con las primeras hojas del otoño. Se sentaron sin sonreír uno enfrente del otro. Ulrich habló en inglés para asegurarse de que ella le comprendiese.

—*I know what I want. I want to marry Eva. But I want you. I want you to be my mistress.*

«Sé lo que quiero. Quiero casarme con Eva. Pero te quiero a ti. Quiero que seas mi amante.»

La besó. Su boca sabía a dentífrico.

—*You will live in Paris and I will visit you there once a week.*

«Vivirás en mi casa en París, y podré verte allí una vez por semana.»

Su inglés no era perfecto, pero sí muy apropiado para lo que quería decirle. «La vida conmigo es muy dura, incluso para mí», añadió él con algo parecido a un susurro, y ella ya no pudo asegurarme en qué lengua se lo había dicho.

Hablando así se parecía más que nunca a Napoleón, y ella se sentía como Josefina, como una mujer de otra época, cuando todavía se empleaba la palabra *entretenue,* «mantenida». La expresión francesa parecía dar a entender en español no sólo «mantenida», sino «entretenida»; no sólo alimentada, también divertida. Pero Fátima no sabía si Ulrich sería capaz de divertirla.

En otra época algo así era lo que se esperaba de las mujeres pobres. Fátima aún recordaba a las vecinas de su madre, mientras le pellizcaban las mejillas y le decían: «Guapa, ya es. Ahora hace falta una poquita de suerte para que encuentre uno bien rico». Los tiempos habían cambiado y ya no había *queridas,* ni siquiera *entretenidas*. Nadie puede divertirse con el trabajo que le da de comer: si un hombre es tu ocupación, no puedes disfrutar hasta que él no se ha ido dejando el dinero tras de sí. Había hecho muchos esfuerzos, pero al parecer no los suficientes, para ser algo más que la puta cara de un alemán.

Por lo menos el Corán obliga a los musulmanes a no tener más mujeres de las que puedan mantener —pensaba Fátima—. En Europa la decencia debería obligar a los hombres a no tener más de las que puedan entretener. ¿Podría Ulrich divertirlas a ella y a su borrosa novia a la vez?

Sonó el teléfono. Ulrich, que lo tenía a su lado, lo dejó tintinear una, dos, tres veces, antes de contestar. Luego explicó que era importante no descolgar el teléfono a la primera llamada, para no dar nunca al interlocutor la sensación de que uno está sentado al lado del teléfono esperando su llamada. De sus palabras dedujimos que a menudo Ulrich esperaba horas una llamada sentado ante el teléfono.

De tanto oír aquella lengua que no comprendía, entre el estrépito de sus consonantes empezaron a diferenciarse islotes de sentido. Fue entonces cuando Fátima se dio cuenta de que en francés o en español el saludo ritual con el que se comenzaba las conversaciones por teléfono era el «¿Qué tal?», «¿Cómo te va?». Y a no ser que exista mucha confianza —y nunca hay suficiente— la respuesta debe ser: «Bien»; o como mucho: «Regular» o «Pschh». La pregunta no implica intimidad, ni supone interesarse verdaderamente por el otro, ni obliga a que la respuesta sea sincera.

En cambio en alemán, preguntar «¿Qué tal?» es interesarse verdaderamente por cómo está el otro. Una pregunta que supone confianza entre los interlocutores. Lo que se dice para abrir una intrascendente conversación telefónica es: *Vas machs du?,* «¿Qué haces?». Es una mera cortesía, y el otro normalmente contestará explicando en qué trabaja en ese momento, puesto que ningún alemán podría admitir que está en casa sin hacer nada. En español esta pregunta podría ser ruda. La otra persona pudiera no hacer nada o hacer el amor en aquellos momentos, y el interés resultaría impertinente. Fátima pensaba en todo esto mientras veía a Ulrich desgañitarse ante el auricular con palabras malsonantes y gestos demudados.

Cuando dejó caer el aparato, su rostro había cambiado de color. Nos miró como si le hubiesen anunciado una desgracia, y luego añadió con una sonrisa forzada :

—Es Eva. Va a venir.

11

En cuanto Eva llegó, nos percatamos de que Ulrich se empequeñecía, como un planeta en cuarto menguante. La cara de luna de Eva estaba, en cambio, en cuarto creciente.

Ella se movía por la casa como si fuera suya, alborotando al pasar todos los jarrones chinos que por seguirla estaban casi a punto de escurrirse de sus estantes.

Tenía los agujeros de la nariz demasiado grandes y demasiado abiertos. Eran como dos ojos gemelos que distraían de la mirada verdadera. Con una sonrisa de sus cuatro pupilas volvió a apoderarse de Ulrich.

Nadie se dio cuenta, ni siquiera él mismo. Yo, en mi deseo de que aquella fiesta interminable no terminara, había alborotado a todos anunciando una nueva fiesta para aquella noche: un baile en un castillo.

Fátima a menudo me repetía que yo siempre estaba organizando fiestas. Había sido así desde que nos conocimos. Cuando Fátima y yo estábamos juntas, yo me sentía en la obligación de salir a pescar sucesos extraordinarios. Las fiestas eran otra cosa.

Siempre he ido a fiestas. De pequeña iba a fiestas con mis padres. Luego he ido con mis amigas, luego con mis novios

Ahora voy con mis amigos gays. Creo que el verdadero motivo de que haya ido a tantas fiestas en mi vida es que no me gustan.

A menudo me siento un poco aparte de la gente, como si me separara de ellos una pantalla de cristal que sólo yo puedo ver. Cuando era muy joven me ponía a leer una revista, o a mirar el paisaje; últimamente hablo por el móvil en las fiestas. Nadie lo ha descubierto. Nadie sabe que voy a tantas fiestas porque encontrar una que me guste, una donde yo sea yo, se ha convertido en un desafío. Soy como esa amiga mía que follaba con todos porque no se corría con ninguno. Pero seguía buscando.

Creo que ésa era una de las cosas que me unían a Fátima. Por motivos muy distintos, ella se sentía fuera de lugar en las fiestas, aunque fuera el centro de atención, como en casa de Werner. Pero seguía yendo. En su caso me costó mucho descubrir por qué lo hacía. Y creo que todavía lo estoy descubriendo.

Sabía que algo podía pasar. Lo supe desde aquella tarde en que fui testigo de una extraña escena entre Eva y Ulrich.

Había olvidado algo en la casa, ya no importa el qué, creo que se trataba de mi cartera. Les dije a Fátima y a Werner que me esperaran sin apagar el motor: nunca queríamos llegar tarde a ninguna fiesta, y yo volví a entrar en la casa. Ulrich había dicho que nos esperaría en el castillo.

Primero distinguí a Eva en el jardín, cerca de la piscina. En aquel lado había un jardín japonés. Levantaba las piedras redondas que los jardineros de la madre de Werner habían dispuesto con tanto cuidado y las arrojaba con furia. Eva era una de esas personas que ni siquiera hacen ruido cuando entran en una habitación, no podía imaginarla haciendo algo con tanta violencia. Levantaba las piedras en el aire y las arrojaba hacia la piscina. Me oculté tras la casa. No quería que me viera y tampoco recibir una piedra japonesa en la frente. De repente cogió un pedrusco y golpeó con él el suelo como si fuera un mortero y ella estuviera pulverizando los sesos de alguien. Aquello duró unos diez minutos. Después se sentó con la cabeza entre las piernas y lanzó un alarido gutural. Algo entre un gemido y el grito de un loco. Pensé que era el momento de decirle algo, y ya estaba saliendo de mi escondite cuando vi a Ulrich delante de ella. No sé de dónde había salido, pero allí estaba. Eva le habló y Ulrich se puso de rodillas. Entonces sucedió algo aún más extraño. Eva comenzó a abofetear a Ulrich que se dejaba hacer como una marioneta, ofreciendo la otra mejilla. Vi las lágrimas mansas que corrían por su rostro pero no pude oír lo que decían. Ahora hablaban muy bajo. En susurros, como si rezaran.

De repente Eva miró en dirección adonde yo estaba y no sé por qué tuve miedo de que me descubriera. Sabía que había visto algo que no debía ver. Y tampoco debían verlo los demás. Mientras me alejaba oía el chasquido seco de los golpes sobre la cara de Ulrich como si fueran una canción. Volví la cabeza y le vi por última vez. Se tambaleaba un poco y ella seguía golpeándole, sin variar la expresión de su cara. No he podido olvidar aquel gesto. Era la misma expresión que puede verse en algunas máscaras orientales: las que representan al demonio.

Corrí hacia el coche, creía sentir un aliento detrás de mí. Pero nadie me siguió, pensé que me habrían echado de menos No fue así. Fátima y Werner estaban riéndose de algo muy divertido que no me contaron cuando llegué. El tiempo en la casa que a mí me había parecido tan largo había sido muy corto para ellos. Había olvidado recoger mi cartera. Ni siquiera me di cuenta hasta que llegamos al castillo.

Eva me lo contó mucho más tarde. Desde que supo que Ulrich estaba enamorado de aquella mujer, o al menos que se había acostado con ella, la escena se repetía casi todos los días. La primera vez que amenazó con dejarle, cuando le dijo que estaba llena de rabia y de desesperación, y que no podía arrancar esos sentimientos de su interior, Ulrich le dijo que le pegase. Al principio no quiso. Eva nunca había pegado a nadie. No quería hacerle daño, quería borrar el daño que él le había hecho. Volvió a pedírselo y ella comenzó a pegarle. Al principio con desgana. Luego descubrió que se sentía bien haciéndolo. Que quería hacerle daño. Le confortaba especialmente ver que se le saltaban las lágrimas y que se le enrojecían las mejillas. Lloraba. Como una mujer. Como ella misma. Y Eva había dejado de llorar: sentía dolor, pero devolvía el dolor que había recibido. No se sentía bien pero ya no se sentía mal. A veces disfrutaba. Eso llegó realmente a asustarle. Porque Eva ya no sabía quién era.

Es fácil entender que aquel día Fátima no tuviera demasiado humor para festejos. Por decir algo, dijo: «No puedo ir. No tengo nada que ponerme», y así comenzó aquella absurda historia del vestido. Aún hoy, después de que todo aquello haya terminado, sigo sin comprender qué me impulsó a sentirme primero tan generosa y a arrepentirme luego de ello, de una manera tan torpe e irremediable.

Por la mañana, antes de que llegara Eva, había visto a Fátima hablando con Ulrich en el jardín a través de la cristalera del dormitorio de Werner, y me pareció de repente un pollito mojado y encogido por la lluvia. Avanzaba hacia la casa con pasos tenues, como si tuviera miedo de hacerle daño a la hierba. Yo creía conocerla bien. Cuando Fátima abandonaba sus andares altivos, orgullosa como una española, como dicen en Alemania, era que se sentía demasiado mal para soportarse.

Así que dejé a Werner dormido a mi lado, argumentando una excusa para no hablar de la noche pasada y decidí que iríamos a la fiesta del Conde Waldo. Antes de que el ambiente decayera, había que agotar todos los cartuchos, para que la fiesta continua en que nuestras vidas se habían convertido los tres últimos días durase al menos una noche más. Irrumpiría en el salón donde Fátima contemplaba fijamente a un Ulrich que hablaba por teléfono gesticulando más de lo habitual. Y les explicaría cómo en la confusión de la *boîte* a la que acudimos después de la *kermesse,* había encontrado a un antiguo conocido de París, Waldo Ossenbach, que en realidad no era conde, aunque sí el propietario de una notable fortuna: un colombiano de origen alemán al que conocía de los tiempos de la Escuela Internacional.

A Fátima no le sorprendió. También me decía a menudo que hasta en el metro me encontraba con personas conocidas que lo único que tenían en común es que todas me invitaban a fiestas. Naturalmente, no se trataba de fiestas como aquélla.

—Waldo se ha comprado un castillo. Y le hace muchísima ilusión que vayamos a su fiesta. Tenemos que ir para que el pobre no se crea que somos de los que vamos por ahí contando historias de cómo ha hecho tanto dinero.

Fátima sonrió un momento, divertida con mis modales entre mundanos y cínicos. Pero en seguida argumentó como excusa que no tenía vestido para ir a un *bal*.

—Ah, pero yo siempre llevo más de un vestido de *soirée*. No será ningún problema.

Casi a rastras la llevé a una habitación con un espejo lo suficientemente grande, y las dos empezamos a probarnos trajes.

Aunque de alturas similares —yo nunca me había considerado una chica alta, más bien era una alemana bajita, parecía de Baviera, y Fátima no dejaba de ser una española—, Fátima era un poco más fina y escurridiza que yo, y los vestidos le caían siempre un poco más abajo. Había llevado conmigo dos vestidos de noche, uno rojo y otro negro, los dos con los hombros descubiertos y la cintura ceñida. Uno largo y otro corto. En el reflejo torcido del espejo veía a una Fátima asimétrica que me parecía menos bella que en la realidad, pero los dos vestidos me parecían que le sentaban mejor a Fátima que a mí misma. Fátima se puso primero el rojo, y yo pensé que el rojo siempre había sido el de mejor corte.

—La verdad es que había pensado ponerme el rojo —argumenté torpemente.

Nos intercambiamos los vestidos. Fátima estaba ahora enfundada en el traje negro, que le lamía los tacones y sus largos cabellos más oscuros que el vestido se enredaban sobre los hombres desnudos como si fueran un adorno más del tejido.

—Creo que voy a llevar el negro —le dije irritada, porque parecía que el espejo siempre me desfavorecía a mí—. La verdad es que ninguno te sienta bien, Fátima, te están demasiado largos —le dije, avergonzándome al mismo tiempo—. Además, la novia de Ulrich también va a venir y recuerdo que le había prometido prestarle el negro a ella.

Y como empezaba a sorprenderme irritada con Fátima y conmigo misma, acabé añadiendo:

—Pero creo que tengo algo que puedes llevar.

Al final de la jornada, Fátima llegó al castillo del colombiano vestida con un *top* negro de terciopelo que encontré en el fondo de la maleta, y fue la propia Eva la que le prestó una larga falda negra, que aunque era evidente que no correspondía al mismo tejido que el corpiño, si se usaba un pañuelo de seda como cinturón resultaba algo así como un conjunto de un diseñador de vanguardia. *«Le dirty-chic»,* comenté yo, que ya estaba arrepentida de haber pasado en un momento del deseo de vestir, maquillar y mimar a mi amiga a unas ganas irrefrenables de cortarle el pelo al cero con unas grandes tijeras. Siempre me enfadaba conmigo misma cuando no podía controlar mi estado de ánimo, aunque los demás no advirtieran estos cambios de humor que yo sobrellevaba como una humillación.

Fátima atravesó deprisa el salón de baile del siglo dieciocho, donde las pinturas casi desvanecidas del techo coqueteaban con adornos chillones de madera de teca, y se refugió en la terraza. No para tomar el aire, sino para huir de la gente porque le parecía que todo el mundo se fijaba en su estrafalario atuendo. Se sentía disfrazada, mientras los demás invitados parecían los dueños de sus trajes, como un americano que se viste para una fiesta árabe y siempre lleva un turbante de más o de menos.

La terraza era enorme y no se hallaba iluminada. El suelo era un mosaico de piedrecitas desvaídas que se clavaban en las suelas de los zapatos de fiesta. Se notaba que las reparaciones del nuevo propietario aún no habían llegado hasta allí. Al fondo aparecía una balaustrada desde la que se contemplaba un precipicio de sombras.

Vio llegar una procesión de hombres bajitos y oscuros que le parecieron turcos o sudamericanos, aunque hubieran podido ser tan españoles como ella. Traían enormes bandejas fosforescentes con originales emparedados de colores. A ella le recordaron su infancia, cuando llegaba por vacaciones su tío de Barcelona y su madre sacaba la vajilla buena, la que no servía para comer sino para adornar el armario. Cuando venía el tío Andrés, el que había triunfado en la vida, como decía su padre, ella y sus hermanas no comían nada en todo el día hasta las seis de la tarde, ocupadas en servir desayunos y comidas por turnos, en una mesa demasiado pequeña para tantos primos hambrientos. Se levantaban los mayores y se sentaban los pequeños, pero nunca les tocaba a ellas. Entre un turno y otro había que lavar los platos y barrer las migas, porque la cocina era tan pequeña que siempre parecía más sucia de lo que estaba, y su padre daba gritos para demostrar que él también había triunfado a su manera. «¿Has hecho ya la cama del tío?», «Ya comerás luego. Ahora anda, y no me contestes». Su padre no era siempre así. Pero la llegada de la familia de Barcelona le ponía muy nervioso. Su madre les cargaba de improperios, sin dejar de cocinar para ellos las exquisiteces que nunca hacía para sus propios hijos. A las siete de la tarde a Fátima le dolía la cabeza, no de hambre, sino de debilidad, y fue en uno de esos momentos cuando decidió irse de aquella casa para siempre.

Se preguntó si los hombres oscuros habrían comido antes de cargar con las bandejas de comida de diseño. Debería haber un reglamento que, simplemente por caridad elemental, obligase a comer antes de servir comida.

Por fin vio al anfitrión. Llevaba una casaca fucsia y verde limón a juego con los manjares y los apliques de teca plastificada. Parecía un hombre jovial, con una cara de eterno niño a la que un mechón blanco confería aire de falsa sabiduría.

A Fátima le fascinaba aquella gente que podía comprarse un castillo como otros se compran un utilitario, y sin embargo no parecía un ser superior, sino todo lo contrario. Y allí estaba ella rodeada de personas que al fin y al cabo no eran ni más ni menos que ella misma, observándolos desde la oscuridad y el frío de la terraza desierta, mientras ellos se movían como polillas en torno a los brillantes focos del salón. También ella era una polilla más, quería dirigirse hacia la luz, pero su ridículo vestido, sus pasos temblorosos, se lo impedían. Y había voces que resonaban desde la cocina de su casa en la pequeña ciudad del Sur: «Tanto criticar, y lo que pasa es que quieres ser como ellos». ¿Qué derecho tenía ella a estar allí cuándo había tanta gente que, en esos mismos momentos, desplegaba sus cartones para pasar la noche en un callejón de cualquier ciudad de Europa? Lo único cierto era que allí estaba ella, ávida de luz como una mariposa que dispone de un solo día para vivir.

Debió de buscar a Ulrich entre las cabecitas que danzaban como pelotas de ping pong entre los focos. Había permanecido mucho tiempo apoyada contra la balaustrada, tal vez intentando adivinar el paisaje sin estrellas, pero sentía un dolor frío en el lugar donde sus senos rozaban la piedra. También debía tener hambre, porque había dejado pasar la comida cuando todavía quedaba algo en las bandejas sobre los aparadores. Un reloj de manecillas rosas dio las doce. Era el momento de entrar en el salón, porque hacía tiempo que se estaban sirviendo bebidas alcohólicas y ya había parejas que se apoyaban en las esquinas de la terraza, huyendo del calor y las luces de la sala abarrotada. Una rubia despampanante con hombreras galácticas tropezó con ella y soltó una imprecación en su alemán más cortante, porque en el empellón se le cayó una varilla de marfil con la que aspiraba un surco de nieve abierto sobre su mórbida mano. ¿Dónde estaba Ulrich? Siempre había soñado con la fiesta en un castillo a la luz de arañas como aquéllas, con los medidos balanceos de un vals haciéndole estremecerse. Ahora tocaban un *swing* vertiginoso, y un fortachón de elegantes solapas la arrastraba sobre la alfombra. Ella se pegaba a él para hacerse invisible, pero al mismo tiempo perseguía el rostro de teniente de húsares de Ulrich, que parecía haber sido engullido por los monstruos barrocos de bronce que protegían las cuatro esquinas de la sala.

Tocaron compases más lentos mientras las luces decaían y el ambiente se volvía más tenue. Caminando entre parejas que bailaban ignorándola, Fátima seguía buscando a Ulrich, o al menos algún rostro conocido, como el de Eva o el mío. Ella no sabía que desde el exterior yo había seguido buena parte de su deambular inseguro por el castillo. Las parejas hacían ahora más densa la oscuridad de la terraza y se habían abierto muchas pequeñas puertas de espejo que descubrían estancias circulares en penumbra donde besarse, beber o tomar canicas de colores sin ser visto. La pista se fue quedando desierta, y en medio de su inmensidad Fátima vio a Ulrich y a Eva que bailaban apretando las caderas.

Olvidó su vestido y sus pasos inseguros y cruzó la pista casi corriendo. En ese momento Ulrich besaba a Eva. Fátima tan sólo le tocó levemente en el hombro y salió tropezando con su falda. Ulrich la siguió.

—A veces es bueno poder hablar alemán con una muchacha —pretextaría él, alcanzándola jadeante.

De nuevo se hallaban en la terraza, a escasos pasos de nosotros. Una luna arrogante y una Eva con la cara más encendida que la luna les miraban.

12

Cada día esperaba que Maria volviera. No nos habían dicho cuánto tiempo duraba la deportación y, aunque no sabía de nadie que hubiera vuelto, algún día tendrían que volver. El castigo no podía durar para siempre.

Y mientras tanto, cada noche, yo tejía. Tejía guantes, calcetines y bufandas. El mundo se caía en pedazos y yo tejía.

Pero pasaban los meses y no se sabía nada.

Me sentía desesperada. No sabía qué hacer. Me acordé del soldado que había protegido nuestra puerta la Noche de los Cristales Rotos, el soldado que había salvado a Maria de ser arrestada. Pensé que él no podía ser malo. Tenía que encontrarle. Tenía que encontrarme. Quizá él pudiera ayudarme a rescatar a Maria o al menos a saber dónde estaba. Comencé a frecuentar los bares adonde iban los SS. Una muchacha rubia y bonita siempre era bien recibida allí. Conocí a gentes que habían oído hablar de él. Conocí a gentes que le conocían. Cada día parecía que estaba a punto de encontrarlo. Nunca lo encontraba, pero una noche en que había bebido demasiado reconocí a tu abuelo.

Una noche después de cenar fui de nuevo al bar de oficiales. Ir allí arruinaba mi reputación, pero mi reputación ya estaba arruinada.

Y, sin embargo, era virgen.

De repente, alguien me saludó. Era el mayor de la carretera, el que nos había traído de vuelta a casa.

—Me llamo Jan —me dijo.

Así conocí a tu abuelo. Ahora se había enrolado en las SS. Decía que les trataban mejor. Siempre estaba alegre. Invitaba a todos a cerveza. A mí también. Por su parte, él nunca decía que no a una ronda. Le conté que Maria estaba en un campo de trabajo y torció el gesto. Después de muchas cervezas y algunas sonrisas, me prometió intentar averiguar su paradero.

Él no me gustaba, pero yo tenía que ayudar a Maria y me parecía que ahora estaba en condiciones de hacerlo. Comencé a salir con él.

Siempre me prometía noticias y las noticias nunca llegaban. Cada tarde yo le decía que era la última, que no volvería a verle si él no conseguía averiguar algo. Él me llevaba a cines oscuros y a cervecerías al borde del río. No le gustaba que fuera al bar de oficiales, donde nos habíamos conocido. Decía que era peligroso. Y yo no iba.

Mis vecinas decían que había tenido mucha suerte de encontrar un novio. No decían *en mis circunstancias,* pero lo pensaban. Yo vivía de la esperanza de volver a ver a Maria.

Un día Jan me trajo unas cartas garabateadas a toda prisa en tinta violeta. Me dijo que eran cartas que los judíos habían arrojado desde los trenes en marcha y que habían sido interceptadas. Había arriesgado mucho para traérmelas.

—Las lanzan desde los camiones, desde los trenes. No sé a quién van dirigidas. No sé cómo piensan que pueden llegar a su destino. No tienen destinatario, no tienen remite, a veces no tienen firma. Quizá van dirigidas a Dios.

Me precipité sobre ellas en la mesa del merendero, rodeada de soldados y muchachas que reían y levantaban jarras de cervezas. Algunas notas estaban escritas en *yiddish,* pero Maria no hubiera escrito en *yiddish.* Había una nota en alemán.

Nos llevan. Sé que no volveremos. Dile a mamá que la quiero y a papá también. El niño murió. Os he querido a todos. Os quiero.
Maria

No podía ser mi Maria. Ella no tenía ningún niño. La nota no hablaba de mí. ¿Y si yo no era tan importante para ella como pensaba? A Maria la habían llevado junto con sus padres. No tenía sentido que les escribiera. Sin embargo, yo no podía saber si les habían separado, no podía saber lo que pasa por la cabeza de alguien desesperado.

Maria era un nombre corriente. Jan me dijo que la mujer que había escrito la nota estaba muerta. Mi Maria tenía que estar viva.

Pero pasaban los días y no llegaban noticias. Nadie sabía nada. Y yo no tenía a nadie. Mi familia pensaba que me había vuelto loca. Sólo me quedaba Jan, que cada vez exigía más y más de mí. Yo trataba de ganar tiempo. Ganaba tiempo y perdía esperanza.

El mismo día en que perdí la virginidad, al regresar a casa, me encontré lo que había estado esperando tanto tiempo. Recibí la primera carta de Maria.

Era un sobre marrón con matasellos de la Polonia ocupada. Me lo enviaba un hombre que yo no conocía de nada, un tal Heinrich Lorenz. Lo abrí con prevención. Había una carta muy corta y unos folios en blanco. Al desplegarlos, cayeron al suelo unas hojas muy pequeñas, como arrancadas de un cuaderno. Reconocí la escritura de Maria de inmediato.

Estaba viva. La carta tenía fecha de matasellos de hacía casi un mes, pero eso significaba que estaba viva.

Estoy bien, Gertraud, estoy bien. Tengo mucho frío y mucha hambre, pero estoy bien. Nunca pensé que esto sería tan duro. El campo es espantoso. Es mejor que no lo veas nunca. Menos mal que soy enfermera. Recordarás que perdí mi trabajo en el hospital, antes de conocerte, cuando echaron a los judíos de la Sanidad. Pero aquí necesitan enfermeras. O algo parecido. Todos los días nos llevan en camión a un hospital. El hospital está cerca de una ciudad. Limpio los vómitos y la sangre y hago los trabajos más duros, pero tengo mucha suerte. En el hospital trabaja gente buena como Heinrich, que es un enfermero alemán con un corazón de oro. A través de él puedo enviarte esta carta. Él y otra gente nos dan algo de comer. Si nos alimentáramos sólo de la comida del campo ya habríamos muerto. Yo trato de guardar comida para mis padres. No sé donde está mi marido. No le he vuelto a ver desde que llegamos aquí. Contéstame con el nombre y a la dirección de Heinrich. Esto no puede durar siempre. Saldré de aquí y volveremos a vernos. Ya falta menos. Te quiere

Tu Maria

Se me caían las lágrimas mientras leía la carta y no sabía si sentía alegría o pena. Tampoco sabía si había cometido un sacrilegio al acostarme con Jan, o si los dioses estaban satisfechos con mi sacrificio y me recompensaban con aquella carta. Estaba tan contenta de saber de ella, de tener la certeza de que estaba viva. Por otro lado, lo poco que hablaba del campo dejaba entrever un horror que yo no me esperaba. Conocía a Maria y sabía que las cosas sin duda estarían peor de como me contaba. Me esperaba trabajos forzados en fábricas, pero no hambre y maltratos. En cualquier caso, lo importante es que estaba viva. Y que volvería. Tenía que volver.

Ahora mi vida tenía sentido. No le dije nada a Jan. No le dije nada a nadie. Y comencé a preparar un paquete para Maria. No debía ser enorme, porque tenía que llegar. Puse embutidos y mantequilla, y azúcar, y los guantes, las bufandas que había tejido y ropa de invierno. Y luego puse todo mi amor en una carta. Escribí también a Heinrich. Le daba las gracias y explicaba lo buena persona que era Maria y que yo le recompensaría si la ayudaba. Mi gratitud era sincera. Nunca he tenido tantas ganas de besar a nadie como a aquel desconocido Heinrich, que nos ayudaba a pesar de ser ario como yo.

Jan me veía ahora contenta y llena de ilusión, y pensaba que era porque estábamos juntos. Yo le dejaba que lo creyera.

Mandé el paquete al correo. Nadie me preguntó quién era aquel Heinrich, porque aquel día todos tenían cosas más importantes de las que preocuparse. Porque allí mismo, en Correos, una noticia nos golpeó a todos.

Alemania estaba en guerra.

Hubo otra estación, y otro tren, y otra despedida.

Jan se fue.

Se despidió de mí apasionadamente. Muy pronto yo me arrepentiría de aquella pasión, pero entonces sólo me preocupaba Maria. Cuando un hombre puede morir es inevitable amarle.

Con su partida yo me quedé más sola, pero también más libre. Libre para pensar en Maria y mandarle paquetes. Mandaba uno cada dos o tres días, desde oficinas de correo distintas. Todos los funcionarios pensaban que Heinrich era mi novio y yo les dejaba creerlo. No sabía si los paquetes llegaban a su destino. La primera respuesta tardó casi un mes en llegar. El cartero llamaba a mi puerta y yo daba un salto de felicidad esperando carta de Maria, pero era siempre una carta de Jan desde el frente. Cartas optimistas e inconscientes como él, llenas de fe en la vida y en la victoria como él; a veces, llenas de miedo y de incertidumbre, como yo. Y por fin un día llegó carta de Maria. Una carta corta dándome las gracias. Había llegado casi todo. No todas las viandas, pero la mayor parte de ellas. Le daban fuerzas para seguir. Sobre todo era yo la que le daba fuerzas.

Después, las cartas se hicieron más escasas y más cortas. A veces, apenas una nota.

Gracias, gracias.

Tú eres la luz, me escribía.

Jan vino de permiso. Era el mismo reidor que siempre aceptaba otra ronda de cerveza, pero algo había cambiado en sus ojos, algo se había hecho más suave, más diluido. Su forma de tocarme era diferente. Ahora me tocaba como si quisiese asegurarse de que yo seguía estando allí. Me gustó más. Comenzó a gustarme.

Pero no se lo dije. Todavía no le dije nada.

Esperaba ansiosa las noticias de Polonia y el fin de la guerra. Las cosas estaban tan mal que no podían sino mejorar.

Al fin y al cabo, ni siquiera teníamos veinticinco años.

La guerra acabaría pronto y Maria volvería.

No sabía qué podría decirle a Jan entonces. Ya se me ocurriría algo.

Maria volvería y también volvería Jan.

La carta no era como las otras. Lo supe en cuanto la vi. No la abrí, la rasgué. Era una carta voluminosa. No reconocí la letra de Maria. Pude ver, en cambio, la letra grande y redonda de Heinrich, el enfermero.

Es una carta que me sé de memoria.

Las cosas duran más que las personas. Mientras la leía, apretaba el *shaddai* de Maria en mi mano, hasta sentir que las filigranas de la plata, esas supuestas letras mágicas que protegían de todo mal, se clavaban en mi carne.

Señorita Gertraud, soy un hombre que no sabe dar noticias ni contar historias.

Creo que me enamoré de Maria nada más verla. Ella era pequeña y limpia. Ella era limpia.

Trabajaba en el hospital. Hacía los trabajos más duros sin perder nunca la sonrisa. Yo la ayudaba en lo que podía. Era una enfermera muy buena. Vaciaba los orinales y desinfectaba las llagas de los enfermos sin poner nunca cara de asco. Limpiaba los hedores más terribles como si estuviera limpiando la maldad del mundo. Yo aspiraba a que dejara las salas de desechos y acabara trabajando arriba conmigo, donde había más luz y más esperanza.

Señorita Gertraud, yo no sé cómo contar las cosas que no quiero contar, aunque creo que a usted le ayudará saberlo. Saber es mejor que esperar.

Puede que usted no sepa que no todos los polacos están contentos con la anexión de su país. Aquí, en los bosques, hay gente que lucha contra los alemanes y a veces consigue armas. La semana pasada los partisanos —les llaman así— atacaron a un convoy cerca de nuestro hospital. Mataron a dos SS e hirieron a su capitán. Los SS están seguros de que los judíos de los campos ayudan a los partisanos, aunque yo no alcanzo a imaginar cómo podrían hacerlo. Cada vez que hay un ataque de la resistencia, ellos fusilan a diez personas por cada uno de los suyos. Esta vez quisieron que fueran veinte personas de los campos. Judíos de los que podían salir fuera, dos homosexuales, tres gitanos y cinco españoles de los que habían luchado con la República que todavía no sé cómo habían llegado hasta allí.

A uno de los españoles, otro enfermero, le perdonaron en el último momento. Tampoco sé por qué. Él me contó que Maria murió en sus brazos, en un bosque muy cerca de aquí. No hubo tiro de gracia. Apuntaron bien. La mataron con un fusil de asalto.

No sé por qué matan a las mujeres. No sé por qué matan a los inocentes. No sé por qué matan.

Las cosas duran más que las personas. Miro el *shaddai* de Maria. Él sigue estando conmigo. Ella ya no está. Lo he apretado tan fuerte que los extraños grabados mágicos me han hecho pequeñas heridas. Las gotitas de mi sangre parecen lágrimas.

Las cosas duran más que las personas. Es posible que el fusil que mató a Maria, ese fusil de asalto, siga en el mundo, quizá en manos de los rusos, quizá en manos de terroristas de una república centroasiática. El fusil sigue vivo para poder seguir matando y yo sigo muerta para poder seguir viviendo.

Heinrich me ofrecía su simpatía y su ayuda. No me extrañó saber que se había enamorado de Maria. Era difícil ver su sonrisa y no enamorarse. Era una sonrisa que podía fundir la nieve.

Heinrich y yo sobrevivimos a Maria, y a la guerra, y a la vergüenza.

Nos escribimos hasta su muerte, hace años. Porque yo los he sobrevivido a todos. Yo me he quedado hasta el final. Yo soy la última.

Estaba embarazada de cinco meses y, cuando Jan volvió de permiso, esta vez, todo el mundo podía darse cuenta.

Él se dio cuenta.

Me casé con tu abuelo en medio de la guerra y nos fuimos de vacaciones a Marienbad. Te sorprenderá saber que, al menos hasta la mitad de la guerra, podíamos ir de vacaciones, seguíamos viajando a los Alpes en verano y no faltaba de nada. En medio del miedo se vivía una especie de euforia y siempre había pan con mantequilla. Todo eso cambió cuando cayó el frente ruso, pero para entonces yo ya había dado a luz.

Tu padre no me habla porque cree que soy nazi. La vida tiene un sentido del humor un tanto absurdo. Cuando los rusos mataron a tu abuelo, le fue otorgada la Cruz de Hierro a título póstumo, la máxima distinción para un soldado alemán. Yo, su viuda, la recogí personalmente de manos del Führer. No pude dormir en una semana pensando cómo matar a Hitler. Pensé ponerme una bomba a la cintura o clavarle un puñal. Pero tenía un hijo muy pequeño y no era una heroína. La Cruz de Hierro y un ejemplar de *Mein Kampf* firmado personalmente por el Führer, eso y un niño moreno, fue todo lo que me dejó tu abuelo. Cuando tu padre descubrió lo que guardaba en una caja fuerte, se escandalizó. Sé que debería tirarlo. Pero es todo lo que queda del padre de mi hijo. Y hay cosas que una mujer no puede tirar por mucho que quiera e historias difíciles de contar a un hijo varón.

Cuando llegó la Victoria, no quise volver a hablar de ello, no quise pensar, me empeñé en olvidarlo. Dejé que mi propio hijo creyera que fui nazi, que todos pensaran que era una nazi recalcitrante, de la primera hornada. Porque tanta gente mintió sobre ello, tanta gente que fue nazi lo negó, que alguien tenía que pagar por ellos y yo quería pagar. Porque no se debe cambiar tantas veces de opinión o, al menos, no se puede pedir perdón tantas veces por cosas que nadie puede perdonar, ni siquiera Dios. Porque él mismo no tiene perdón por haberlas permitido, aunque con el tiempo Dios y yo nos hayamos convertido en buenos amigos. Con la edad el juicio se torna más benévolo y creo, que si yo soy vieja, Dios lo es mucho más. Y, teniendo en cuenta que él es el Único que sabe dónde está Maria, me conviene tener buenas relaciones con él, caso de que exista. Que Dios me perdone.

Después de eso las viudas levantamos Alemania.

Nadie lo dice, pero las mujeres fuimos el Milagro Alemán.

No teníamos otro remedio. No quedaban hombres.

No nos hacían falta los hombres.

Y al final descubrí que no, que Maria no había sido lo oscuro y yo lo claro, descubrí que ella era lo claro y yo lo oscuro.

Han quemado a un chico negro en el centro de refugiados y yo sé que ellos volverán. No tendrán los mismos nombres, pero volverán. Los judíos se llamarán de otro modo y sus verdugos se llamarán de otro modo, pero serán los mismos. Los judíos se llamarán de otro modo, pero irán lo mismo que fueron mis amigos como corderos a los campos de exterminio. Y sus verdugos habrán cambiado también de nombre, pero serán los mismos, seguirán representando la comedia terrible de los oprimidos que se hacen opresores, que se hacen oprimidos, que se hacen opresores. Nosotros, los alemanes, fuimos oprimidos en el Tratado de Versalles, y luego opresores, y más tarde oprimidos por el peso de una culpa que nadie podría soportar. De nada sirve que más de cien diputados del Reichstag fueran ejecutados por votar en contra de dar plenos poderes a los nazis. Sus hijos también serán considerados culpables. Yo misma soy la más culpable de todos, culpable de vivir, de sobrevivir, de dejar que muriera Maria y de seguir viviendo sin ella.

Eres mi sangre y deseo que nunca te pase lo que a mí, que nunca acabes descubriendo que tu amiga morena es la claridad y tú la oscuridad. Espero que la historia no se repita. Espero que Dios me perdone y, si no, que por lo menos tenga la decencia de existir.

Ten cuidado con tu amiga española, con esa Fátima que tanto me recuerda a mi Maria. A Maria, que murió en los brazos de los republicanos españoles, de esas gentes que habían hecho dos guerras seguidas y las habían perdido y que, sin embargo, seguían luchando cada vez en guerras más pequeñas, pero más importantes. Al final, lo decisivo era triunfar en la batalla diaria por un pedazo de pan.

Tu Fátima es española, pero parece árabe. A veces no importa lo que somos sino lo que parecemos. Y los árabes llevan camino de convertirse en los judíos de esta nueva época de pogroms, o puede ser que sólo me lo parezca a mí, porque soy una pobre vieja que chochea.

Puede ser que esta historia nunca haya sucedido. Mientras te la cuento, dudo constantemente de las fechas. He olvidado muchos detalles. Otros son más reales para mí que esta habitación en la que te escribo, pero pudiera ser que la cabeza se me haya ido y todo esto sea el sueño de Alzheimer, que al final me haya alcanzado y me haga recordar una vida que nunca tuve mientras yazgo babeante.

No lo creo. Creo que estas cosas sucedieron: si no, Maria nunca habría existido, la habría inventado yo en mi deseo de encontrar un alma gemela, de conocer una vez en la vida esa sensación que tenía con ella de estar donde debía estar y con quien quería estar, aunque nos halláramos en medio de un bombardeo. Ella era yo. Y yo era ella. Pero todo se nubla a mi alrededor. Lo claro y lo oscuro están por todas partes, nos rodean: palestinos, hindúes, marroquíes, incluso negros —y no me mires así, tú también les llamas de ese modo—. Por eso es importante no olvidar que puede que ellos sean lo claro y nosotros lo oscuro, aunque claro y oscuro se confundan ahora,

Claro-oscuro

Claroscuro.

Es el color del crepúsculo, el color que tiene ahora mi vida. Una larga vida que ha demostrado que hay vida después de la muerte, porque yo estoy muerta desde que ella murió y, sin embargo, sigo viviendo. Fui a tu abuelo y le dije: «Estoy embarazada, cásate conmigo». Y no me importó que él fuera un oficial de las SS. Al contrario, lo hice porque era un oficial de las SS y yo no quería morir, no quería que mi bebé muriera, no quería ver morir a nadie más, quería vivir. Vivir ha sido mi premio y también mi castigo. Cuando a Jan lo fusilaron los rusos, hice lo que debía hacer: marcharme, irme adonde nadie me conociera y contar que lo habían fusilado los nazis. Lo hubiera contado, pero nadie me lo preguntó. Toda Alemania quería vivir y nadie quería hacer preguntas, pero no éramos culpables, no todos éramos culpables. Sin embargo, yo sí lo era. Era culpable de querer vivir y haber vivido.

Lo oscuro es lo claro y lo claro es lo oscuro. Claro-oscuro, claroscuro, el crepúsculo en el que mi vida se ha convertido.

Siempre que amas a alguien, amas su recuerdo.

Escribir es como hablar. Es un diálogo sin respuesta. Cuando escribes no esperas respuesta, o sabes que la respuesta llegará, pero no te llegará a ti.

Siempre que amas a alguien, amas su recuerdo. Yo amo el recuerdo de Maria. Pero, cuando empecé a amarla, empecé a recordarla. No podemos amar en futuro, sólo en pasado. Porque en el amor se recuerda un futuro feliz. Del mismo modo, ahora tengo el sueño de volver a mi pasado con ella, que es nuestro único futuro.

Siempre que amas a alguien, amas su recuerdo.

La materia es velocidad. Cosas que se mueven a tal velocidad que parecen reales, sólo porque están en movimiento. Eso son nuestras vidas. Nos parece que ya las hemos vivido. Nos parece que las estamos viviendo, porque creemos que son las nuestras, pero sólo son una ilusión. Intento pensar esto y pensar que no existieron los nazis. Entonces, podría ser que Maria no existiera. Y, si ella no hubiera sido real, nada en mi vida tendría sentido. Ella es el dolor que duele siempre dentro y me recuerda que estoy viva.

Cada vez que miro la pila de guantes de lana de color rosa sobre la repisa de la chimenea, sé que yo soy la persona que tejió esos guantes y los mandó al campo de concentración. La persona que los tejió por amor y los ha guardado todos estos años por amor. Miro también el *shaddai* de Maria que siempre llevo al cuello y pienso que es hora de que arroje los guantes al fuego para que no lo hagan los que vendrán a limpiar esta casa antes de venderla. Ahora puedo permitirme el lujo de arrojar los guantes al fuego, porque ahora he escrito esta carta. Te la mando junto con el *shaddai* de Maria. Ella no quiso que fuera al fuego, sino a sus descendientes. Como no los tuvo, ahora mis descendientes son los suyos. El *shaddai* es para ti y para tu amiga Fátima, con el amor y el dolor de tu vieja abuela que nunca te ha conocido. Ven a verme si quieres. Aunque no sé para qué... Ya no hay tiempo. El tiempo se ha terminado. El tiempo ha dejado de existir. Al fin soy libre. Quizá ahora ocurra, por fin, algo nuevo.

El juego había durado demasiado. Ya se habían reído bastante de la pobre campesina que se creía las historias del Emperador. «Realizaré todos tus deseos y tú serás mi reina, pero sólo hasta que te llene de mi esperma. Después comerás conmigo algunas veces pero dormirás en los establos.» Era tan inmadura. Todavía creía en los cuentos de hadas. O en las palabras de Ulrich, que para el caso eran lo mismo: «¿No te he demostrado lo importante que eres para mí? Por conquistarte he arriesgado mi futuro matrimonio. Sabes que me has vuelto loco». O en las de Eva: «El Ulrich que tú conoces no es el verdadero Ulrich. El Ulrich que tú puedes nombrar no es mi auténtico prometido. Ulrich siempre sube y baja. Cuando está arriba toda la energía del mundo le parece escasa. Cuando está abajo sólo yo puedo arrebatarle del abismo. Quizá el Ulrich que está arriba esté enamorado de ti, pero el que estará abajo es sólo mío, y ése nunca podrás arrebatármelo», le había dicho.

Se había dejado envolver por el engaño sutil de aquella historia que le parecía de película, pero los personajes ya no se escapan de las pantallas de los cines de barrio, y ciertos acontecimientos no suceden en la vida real, porque no hay vida real: todo está contaminado por la fantasía de lo que hemos visto, de lo que hemos leído. Si hubiera escuchado a Ulrich con los ojos, con los oídos que heredó de su madre, la mentira le hubiera golpeado los tímpanos, pero había dejado que sus fantasías de niña y las historias que le habían contado se interpusieran entre ella y la crueldad de aquel mundo que no era el suyo. Creer que puede llegar un príncipe que se parece a un dictador, y concederte todos tus deseos como si fuera un genio escapado de una botella de whisky escocés, era algo tan ingenuo que no hubiera engañado ni a los niños que crecían junto a las alambradas del muro.

Por unos días todo le había parecido posible. Había volado sin motor y no solamente por el cielo de Alemania, sino por las alturas de su alma o de la parte del cerebro que se parece al alma. Quizá se puede volar sin motor, pero no se puede volar sin alas.

Fátima hablaba y hablaba. Yo me esforzaba por escucharla, pero la oía como si fuese la lluvia o una fuente. Oía su voz sin escuchar sus palabras. Fátima tenía una voz de agua. Una voz que repicaba sobre las piedras de los arroyos de montaña y que a veces se estrellaba en el abismo como una cascada. Su voz me gustaba, pero hacía que mucha gente, sobre todo hombres, no pudiesen tomar en serio lo que decía: se quedaban, como yo, prendidos en la voz.

Aunque quisiera ayudarla, hoy no conseguía concentrarme en sus problemas. La carta de mi abuela volvía una y otra vez a mi cabeza. Hacia el final la letra se debilitaba. Los trazos se volvían confusos. Los renglones se mezclaban. Era difícil leer las últimas frases. Tenía que ir a verla. Enseguida. Hoy mismo si era posible. Fátima hablaba y hablaba.

Lo más terrible para Fátima era que no podía culpar a Eva. Quería odiarla, considerarla una rival, pero no era cierto. Eva era sólo otra mujer, y por lo tanto aunque ganara aquella partida, tenía como ella todas las trazas de perder la batalla. Quizá no hubiera otras Evas. Habría otras Fátimas. Tal vez hubiera una sola mujer que durmiera con él, pero habría muchas muñecas que compartirían su lecho. Y había algo más, sobre todo, que le imposibilitaba odiar a Eva, aunque este sentimiento primitivo le hubiera sido de gran alivio: Eva, tal y como ella la había visto en la terraza, a la luz de la luna, abofeteándolo con furia y al mismo tiempo defendiendo a su hombre con palabras de fuego, tenía en su cuerpo rechoncho y en su cara aplatanada más pasión de la que había visto en todo aquel viaje a Alemania.

Ni siquiera ella poseía esa pasión. Nunca había sabido defender lo que tenía y mucho menos conseguir lo que buscaba. No iba a pelear. Con el pretexto de que las mujeres debían ser solidarias, en realidad ocultaba su incapacidad de odiar. No había conseguido impedir la muerte de quien amaba, ni rescatarse a sí misma de aquella muerte. Tampoco conseguiría a este hombre.

Xabier, el que ya no estaba, le había dicho muchas veces que su problema era que no luchaba contra la vida, sino que se dejaba llevar por ella. «Yo decido mi vida —le dijo una tarde, una semana antes de ahogarse—. Tú eres como una hoja que va adonde la lleva la corriente.» Era cierto. Y la hoja ya no tenía fuerzas para remontar río arriba, como el salmón; sólo deseaba quedarse prendida en el recodo más bello del río.

También yo solía decirle que no era dueña de sus actos, que tan sólo se dejaba arrastrar por la corriente de la vida, como un pelele a merced del viento. Y cuando se lo decía, solía parecerle horrible. En aquel entonces yo aún no había leído el Tao. No conocía la terrible fuerza de la hoja que se deja arrastrar por el vendaval y lo que comenzó siendo un reproche que la hacía avergonzar, acabó siendo para ella un ideal: el ideal. Lo único que sabía hacer para sobrevivir.

Fátima sabía que Ulrich se había ido a casa con Eva, y que la pareja de novios no había dormido junta desde que ella y Ulrich se conocieron. Fátima no sabía que esa noche tampoco él podía conciliar el sueño.

Hasta aquel entonces, Ulrich no sólo no conocía el vértigo, sino que siempre le habían atraído las alturas: le fascinaba subirse a los torreones, trepar en los Alpes, mirar a los prisioneros desde el puesto más alto de guardia de la prisión. Un impulso parecido era el que le había llevado a obtener su licencia de aviador. Pero a la mañana siguiente, cuando se asomó por la ventana del dormitorio de Eva, que no estaría a más de tres metros del suelo, sintió la náusea del vértigo. Una sensación que encontraba casi agradable, semejante a un mareo, cuyo horror estribaba en que no era miedo, sino deseo de arrojarse hacia ese vacío que le atraía. A partir del momento en que se enamoró de Fátima, Ulrich tendría vértigo todos los días de su vida.

La noche anterior, mientras le explicaba a Eva que nada había sucedido con Fátima y que nada sucedería jamás entre ellos, Ulrich sintió la tranquilidad del que se baja de la montaña rusa y vuelve a pisar tierra firme. Atrás quedaba el intermedio de extraños sentimientos y emociones inventadas. El reconfortante aburrimiento de lo conocido le esperaba como una fogata en una tarde fría de invierno.

Permanecía en la oscuridad del lecho, con los ojos abiertos intentando ver sin conseguirlo. Abiertos porque sólo veía cuando los cerraba, y recordaba otros ojos negros arrasados de lágrimas de ira, que le turbaban y le hacían sentirse excitado, porque lloraban por él. Aquel animalillo de lujo, que había ido atrayendo con caricias y regalos, se había hecho definitivamente suyo con el castigo. Pero le había prometido a Eva que no volvería a verla, y no podía dejar de pensar en cómo hacerle creer que había cumplido su promesa. Estaba obsesionado con la española y la perspectiva de no volver a verla le parecía más árida que atravesar el desierto con la boca henchida de sal.

Fátima no lo sabía. Se había quedado sola en la casa enorme, mientras criados que no la conocían y que pasaban en torno a ella como si fuera un mueble que no hay que tocar, amplificaban con el entrechocar de enseres y utensilios el sonido de su soledad.

13

SER Y ESTAR. ESO ERA TODO EN EL CASO DE FÁTIMA.

Ser. Fátima era. Yo estaba.

Estar. Fátima estaba. Yo fingía ser.

En nuestra lengua no distinguimos entre ser y estar. Un idioma es un modo de pensar, y un modo de pensar es un modo de ser. Pero yo hablaba demasiados idiomas y ninguno era el mío. No sabía si tenía un modo de pensar. Nunca he podido distinguir entre ser y estar. Quizá por eso nunca he comprendido la vida.

A la hora del desayuno, el primer desayuno en aquella casa sin Ulrich, yo me había fijado en sus ojeras, y por decir algo le había recriminado el ridículo que había hecho el día anterior.

Yo misma la había arrancado del jardín donde masticaba tierra, paladeándola como si fuera un manjar, y la había acostado entre Werner y yo para protegerla. Ahora me arrepiento de haberle recordado esos detalles

Quería ir a ver a mi abuela. No vivía lejos. No es la muerte de un ser querido la que nos produce dolor, sino la noticia de esa muerte. Y la incertidumbre puede ser peor que las malas noticias. Sin embargo yo no quería alejarme de allí ahora que empezaban a suceder cosas, y que la resistencia de Werner comenzaba a ceder. Con un presentimiento agridulce, pensaba que la gran fiesta de más de una semana no podía terminar todavía. Tenía que pasar algo más. Me costaba irme y me decía que no podía dejar sola a Fátima. No ahora. Iría en mi coche y estaría de vuelta al día siguiente por la noche. Quizá antes. Tenía que hablar con Gertraud y preguntarle tantas cosas...

Pero no me iba. Dejaba pasar el tiempo y no me iba.

En cierto modo para Fátima era como si yo ya no estuviera allí. Pasaba todo mi tiempo con Werner y ella se sentía sola en ese otro mundo que no era el suyo. Mientras estaba con ella yo la comprendía en parte, porque había estado arriba y abajo. Sin mí estaba sola en la tierra de nadie donde crees pisar baldosas y pisas nubes. Tampoco sabía si estaba enamorada de Ulrich: *enamorarse* y *amor* son dos palabras desgastadas como rocas terciarias y ya nadie se acuerda de lo que querían decir hace mucho tiempo. La gente las utiliza sabiendo que nadie las entiende. Es esa incomprensión compartida lo que les da significado. A Fátima le daba igual, sólo quería dormir, dormir y soñar hasta confundir la realidad y el sueño, y poder comprenderla. De todas las maneras de huir hacia delante que conocía, dormir era la más confortable.

Durmió, tendida entre la hierba bajo los árboles. Tuvo pesadillas que no pudo recordar. Después se encontró en la parte luminosa del sueño. Volaba con los brazos abiertos y una capa desplegada al viento. Sintió un aire frío que le cortaba la cara y aterrizó con suavidad en uno de los canales de Heimat. Sobre la hierba le espera Xabier:

—He resucitado —le dijo con sencillez. Y ella le abraza.

Fátima le pide que le pellizque, que le abofetee, y le duelen los pellizcos y le arde la cara. Sus besos son salados y carnosos. Entonces ve a su abuela que sonríe desde la copa de un árbol.

—O es un sueño, o estás muerta —le dice una pequeña voz insidiosa.

—Si es un sueño, quiero aprovecharlo. Bésame ahora. Hazme el amor ahora.

Con el conocimiento la cara de Xabier se transforma en la cara de Ulrich, y sin embargo sus labios siguen siendo los mismos.

—No quiero despertar —dice ella mientras un huracán la lleva por los aires.

—Debes despertar —soplé sobre sus cabellos, casi con ternura—. Ulrich ha estado aquí. Me ha dicho que esta noche se va a celebrar una gran cena de compromiso en casa de los padres de Eva. Ha decidido pedirla en matrimonio. Mientras dormías ha estado llamando a todo el mundo, pidiendo dinero prestado. Ha comprado un anillo de diamantes y tiene un cheque de un millón de marcos para su futura esposa. Cree que con dinero todo se puede perdonar. *Die kohle one ende* «el dinero no tiene fin», aunque el carbón y otras riquezas ya no valgan nada en Alemania.

Fátima observó que atardecía. El crepúsculo se escondía tras las casas y uno no podía verlo, sólo adivinarlo.

—He dormido todo el día.

—Sí —le dije, acariciándole la nuca como se acaricia a los caballos que han perdido una carrera.

14

Ahora es cuándo comienzan las cosas que tengo que saber.
Tengo que saber.
Necesito saber.
Tengo que intentar meterme en la cabeza de Fátima,
en aquellos días y en aquellas horas en que todos
los minutos corrían hacia la tragedia aunque ni ella
ni yo lo sabíamos todavía.
Tengo que meterme en su cabeza.
Tengo que dejar de ser yo.
Y ser Fátima.

DETESTABA DORMIR DE DÍA PORQUE SIEMPRE SE despertaba atemorizada y confusa. Durantes unos momentos no sabía dónde estaba, ni si era de día o de noche. Después notaba su boca seca, su cabeza doliente y sabía que había dormido toda la tarde. Y una angustia semejante al crepúsculo se apoderaba de ella.

Al mirarse al espejo se vio como siempre se veía después de una larga enfermedad, como una perfecta desconocida que la mirase con una perversa interrogación desde el otro lado. Cada vez que se había sentido capaz de levantarse de la cama, después de algunos días en ella, se miraba al espejo, y era como si se viese por primera vez. Después de cada gripe, de cada fiebre, de cada herida, siempre se veía así, sin poder reconocerse, las líneas de su cara tan distintas como si hubiese envejecido, como si ya no se pareciese a sí misma en nada que no fuese el aire perdido de su mirada. Del otro lado del vidrio una desconocida la miraba con ojos inmensamente tristes, y la expresión de la desconocida se hacía más angustiosa cada minuto que ella tardaba en responder a la pregunta que le formulaban las grandes ojeras. Así se sintió aquella mañana. El espejo una vez más hablaba de una desconocida que hacía preguntas y tenía miedo.

Lo que la hacía diferente a los demás y mucho más vulnerable era que no esperaba que las cosas sucediesen de acuerdo con sus deseos. Eso le hubiera gustado, claro, pero una especie de sabia amargura le mostraba cómo, por ejemplo, en los juegos del amor sólo una lotería desordenada era la que determinaba que ganase ella o su rival. Y ni lo uno ni lo otro cambiaba para nada el equilibrio del dolor de los hombres, siempre habría la misma cantidad de amor y de sufrimiento. Aunque las consecuencias individuales para ella fuesen algo distintas.

La curiosidad, eso era lo que siempre la había impulsado a seguir viviendo. Cuando Xabier murió no fue la esperanza de que le olvidaría lo que la mantuvo viva. Fue la curiosidad. Sabía que quizás en su vida le esperaba más sufrimiento que gozo, pero aunque las cuentas de la vida no le salían, la curiosidad fue más fuerte que la desesperación.

Y en esos tiempos recordaba haberse tendido sobre la cama pensando: «Ojalá estuviese muerta». Y haber oído una voz interior que le replicaba: «Pues muérete o cállate ya». Era un argumento completamente lógico: permanecer viva no dejaba de ser una elección, y por lo tanto no tenía sentido quejarse de ello.

Así que se asomó a la ventana. Los pobres no suelen vivir en áticos. Tienen el suicidio un poco más difícil. Era un cuarto piso, pero cuando miró hacia abajo, estuvo segura de que se mataría al caer. Se sentó en el alféizar y miró los tendederos de ropa que se interponían entre ella y el suelo, repletos de sábanas de colores que se agitaban como banderas y le hacían señales. Pensó en la caída y en las bolsas de plástico, y en los desperdicios arañados por los gatos contra los que se estrellaría. Se imaginaba a los perros abandonados que vagan allí donde acaba la ciudad, rondando sus pedazos con un lamento fúnebre. Supo que contra su voluntad se aferraría a los tendederos porque sus manos serían incapaces de obedecer la orden de morir que daba su cabeza. Y pensó que la ventana seguiría allí al día siguiente y que quizá mientras tanto sucedería algo. Alguien llegaría o alguien se iría. Y Xabier continuaría muerto e inmóvil , indiferente a un día más o menos de espera. No hay prisa, la muerte es eterna.

Y luego, observando a los felinos que destripaban las negras bolsas de basura, prefirió pensar que el día en que ya no sintiese más curiosidad se tendería en una bañera rebosante de agua muy caliente: desnuda pero envuelta en una sábana blanca que protegería el esmalte de las salpicaduras de su sangre. Una gran sábana blanca que se iría tiñendo de rojo mientras ella se iba durmiendo con sus cabellos negros flotando sobre el púrpura de sus venas abiertas.

La curiosidad la mantuvo viva aquel día. La insidiosa voz que la había empujado a la ventana le prohibió volver a tener pensamientos obscenos. La vida puede enfadarse si reniegas de ella. Al fin y al cabo la vida sólo es una tregua.

Por larga que mi vida haya sido
Mi muerte será siempre más larga.

Estaba convencida de que Fátima no acudiría a la fiesta de compromiso de Ulrich. Sin embargo, sospecho que fue la curiosidad la que le animó a asistir al cortejo. Delante marchaba una furgoneta blanca, con los alegres camaradas de Ulrich. Después dos o tres coches negros y solemnes. El deportivo rojo donde viajábamos Werner, ella y yo era el último. Ulrich había pretendido que fuese un cortejo nupcial, con los amigos del novio vociferantes que le acompañaban a buscar a la novia. Pero a Fátima todos los cortejos le parecían fúnebres porque el único cortejo en el que había estado era el del entierro de Xabier. Iban tirando bengalas y cohetes como en carnaval. Y se dirigían hacia la oficina de Eva, que no sabía nada y recogía sus cosas para abandonar otro día más el despacho del abogado.

En el camino dieron rodeos para recoger a más amigos que vivían en villas distantes y a los que Ulrich hacía subir al minibús todavía en zapatillas, blandiendo una raqueta de tenis, gritándoles que iba a buscar a Eva para casarse con ella.

—¿Cuándo ? ¿Ahora? —Y en la confusión se apretujaban riendo en la furgoneta blanca que Ulrich conducía.

En una de esas paradas, Ulrich se acercó a nuestro coche e hizo descender a Fátima:

—Debes venir conmigo. Sin ti, no tiene sentido.

Y la sentó a su lado en la parte delantera, separada de él sólo por el gran ramo de flores que había comprado para Eva. Cerca ya del despacho del tío de Eva, Ulrich, como un prestidigitador, se sacó de un bolsillo una caja rosa y le prendió a Fátima una orquídea en la chaqueta. Después de hacerlo siguió conduciendo con una mano mientras la otra, por debajo de los plásticos y las rosas, sujetaba los dedos de Fátima.

Una puerta oscura cercada por enormes macetas como cancerberos: el llamador dorado con forma de puño lánguido se mostraba hostil. Ulrich lo alzaba con una mano amenazador y detrás de él un corro de gente armada con botellas de champán silbaba y reía. Antes de llamar, Ulrich sacó otra cajita blanca del bolsillo izquierdo y con la otra mano le introdujo a Fátima en el dedo anular un anillo de brillantes exactamente igual al que en el bolsillo derecho aguardaba para Eva.

Cuando ésta abrió la puerta, quitándose las gafas y soplándose el flequillo, tan sólo pudo ver un enorme celofán hinchado de flores rojas y mariposas blancas que tardó en reconocer como azahar. Al ver a Ulrich tras aquella máscara de jardín, supo que esta vez había sido más grave que las otras.

Él la cogió en brazos y el grupo los siguió cantando alegremente hasta un restaurante que aquella noche habían reservado entero para ellos. Allí los esperaban los respectivos padres, hermanos y todos los parientes que Ulrich consideró indispensables y que no habían participado de la alocada carrera en busca de Eva.

Como si algún deber se lo impusiese, Werner nos abrazó a Fátima y a mí por la cintura y nos arrastró hasta un extremo de la inmensa mesa. Era una de esas mesas rectangulares, tan largas que únicamente se veían en el cine porque sólo podían caber en un plató de rodaje. Eva se sentó en una cabecera y enfrente de ella, separados sólo por cincuenta comensales, se sentó Ulrich. Justamente entre Werner y Fátima. Yo, al lado de Werner.

Estaban tan juntos que sus talones se rozaban. Y creían sentir como se fundía el cuero de los zapatos con el calor de su piel, y les parecía que tenían los pies desnudos. Y ella notaba cómo el vello de las piernas de él le atravesaba las medias y le hacía unas cosquillas que le subían hasta la nuca, como si la acariciase con una mano fantasmal. Y tan absorta estaba en esas caricias imaginarias que apenas se dio cuenta de que él, realmente, con un taconeo militar, había apresado su pie izquierdo entre sus zapatos y lo apretaba como si fuera una mano.

Y apretando con furia y delicadeza esa mano envuelta en ante, Ulrich comenzó a hablarle a Eva. Y no era necesario saber alemán para comprender que le estaba diciendo cuánto la quería, lo importante que era para él y lo feliz que sería de hacerla su esposa.

Luego Ulrich, después de trazarle en la planta del pie a través de la fina suela una caricia que subía hasta su pierna como una enredadera, soltó por unos instantes a Fátima y se puso en pie, alzando su copa llena de un líquido claro que lo mismo podía ser champán que vino.

Fátima quiso hacer retroceder esa tercera mano, indignada, pero él fue más hábil y volvió a atraparla entre sus dos pies como un amasijo de cemento trémulo entre dos ladrillos.

Él ahora declamaba más que hablaba, y fue Werner quien inclinándose por detrás de las piernas abiertas de su amigo, le tradujo con precisión algo cruel: Ulrich ofrecía a Eva como regalo de bodas un millón de marcos —el fruto de las llamadas y los préstamos que él había estado haciendo mientras Fátima dormía—, un descapotable que en ese momento aparcaban en la puerta y la casa que un día vieron juntos al atardecer.

—Hay que ver de lo que algunos son capaces de dar con tal de no dar explicaciones —añadió Werner.

Por fin Eva se levantó y Ulrich volvió a sentarse muy lentamente, apoyándose en el respaldo, de manera que sus pies no soltaron ni un momento el pequeño pie prisionero de Fátima.

Eva hablaba y hablaba, pero sobre todo reía con una risa que no expresaba ninguna felicidad, sino más bien una especie de histeria, una amargura torpemente disimulada. En su risa había triunfo y había tristeza.

Ahora que Ulrich no tenía que sostener la copa, se atrevió a escurrir su mano derecha hasta el regazo de Fátima, y a trepar por él buscando la carne suave y un poco sudada de ella que se retorcía a su lado, hasta que Fátima consideró más seguro estrecharle la muñeca con fuerza como si fuera la argolla de unas esposas.

Pero él sabía que tenía la llave que las abría porque cuando Eva propuso un brindis, Fátima le soltó con rapidez para que él pudiese alzar su mano derecha armada de vidrio y brindar por su matrimonio.

Muchas manos más se levantaron, blandiendo copas de cristal más fino que un cuchillo.

—*Auf Deustchland.*

—*Auf Liebe.*

—Por los enamorados.

Allí, en medio de aquel estruendo de vidrio que sonaba como una catarata de whisky, fue donde Ulrich tomó la mano de Fátima entre las suyas, a la vista de todos, aunque todos miraban hacia arriba, hacia los ojos de Eva. Y como sin querer le dijo al oído:

—Fátima, si estuviera permitido casarse con dos mujeres, me casaría también contigo.

Ella le propinó un puntapié en la espinilla mientras se ponía de pie al unísono con Werner, que proponía un nuevo brindis. No le miraba, pero estaba seguro de que, igual que él, le estaba observando con el rabillo del ojo. Cuando volvió a sentarse lo hizo aplastándole el pie con su tacón. Aquella punzada entre sus uñas le hizo suspirar de dolor, pero en aquel momento casi no podía contener los deseos de volverse hacia ella y besarla.

—*Eva, Ich habe Dich lieb* —dijo en alta voz.

Y luego, inclinándose hacia Fátima, como un personaje de opereta, añadió—. *Ich liebe Dich, kleine spanerin.*

Por fortuna en ese momento sirvieron el primer plato, y todos los invitados excitados por los discursos se lanzaron sobre él tan velozmente que Ulrich pudo ocultar la furia de su pasión en la carne de venado.

15

La oreja peluda se alzó indecisa por un instante y pronto se erizó definitivamente. Alguien abrió un ojo, luego otro y enseguida, tropezando con una especie de polvo dorado que venía de la ventana, avanzó por encima de una camisa azul, una corbata oscura y unas bragas rosas que yacían en el suelo. Antes de pisar las gafas de Eva se detuvo al borde del gran lecho.

Un bretel que silbaba por el aire le había golpeado en el hocico. Unos calzoncillos de seda cayeron a sus pies, volaban trapos de todos los colores, que caían sobre la pobre Pitt, como una lluvia de pétalos de elefante.

A pesar de haber sido la perra de Ulrich durante cinco años, que eran los que Ulrich creía que habían pasado desde su nacimiento, estaba un poco desconcertada. No hacía más de una hora que Ulrich había entrado en el cuarto arrastrando a una mujer de largos cabellos oscuros. Cuando empezaron a jugar, Pitt comenzó a dar alegres saltos en torno a la cama, loca de alegría por todo lo que estaba oliendo. Incluso se acercó y empezó a lamerlos, hasta que Ulrich le arrojó un zapato. Ella también quería jugar. Pero tuvo que contentarse con sentir el sudor de los dos cuerpos, y corretear alegremente alrededor imitando sus contorsiones. Lo había visto muchas veces, pero siempre creía que su amo estaba sufriendo hasta que él estiraba la mano para tranquilizarla y ella se la lamía agradecida. Muchas veces había estado a punto de atacar a la extraña, y en esta ocasión creyó de verdad que estaba matando a Ulrich.

Después ellos se quedaron quietos, y ella también se durmió, porque parecía que no iba a suceder nada interesante. Pero ahora había otros olores en la habitación: olisqueó las sillas y los trapos, y un poco del aroma agridulce de «queremos jugar», el aroma del celo, pero no tan intenso como antes.

La otra mujer se había ido. Ahora recordaba que la había visto marcharse de puntillas, entre un sueño perruno y un ojo abierto. El sillón verde le decía que se había detenido allí un momento y que estaba asustada.

Ulrich también olía a miedo. Poco después había llegado Eva, cuyo perfume le era tan familiar que ni siquiera la había despertado. Sin embargo traía ráfagas de alcohol y de tabaco mezcladas con la ácida caricia de un champú que no las enmascaraba. Pitt creía que Eva había olido el olor a maderas y marisco del sexo de la otra mujer que flotaba desde los cabellos de Ulrich y lo impregnaba todo. De sus sueños en blanco y negro con borracheras de esencias, la ha despertado la punzada arenosa del olor a sexo.

Está celosa, muy celosa. Pitt no sabe que es una perra. De corazón, cree ser una mujer y no comprende por qué Ulrich la margina en sus juegos. No tiene conciencia de que pertenecen a especies distintas, y está enamorada de él como ninguna mujer podría estarlo. Pitt, por supuesto, no llega a hacer reflexiones tan complicadas. Tan sólo una vez más se acerca a la cama, y alzándose sobre la tarima junto al ventanal donde golpean las primeras luces, lame concienzudamente la mano que Eva, como desmayada, deja arrastrar por el suelo.

Eva se incorporó súbitamente y apartó al perro de un manotazo. Le ponía nerviosa aquel animal que parecía observarles y disfrutar con ello. Eva siempre había estado celosa de la perra de Ulrich, el único ser a quien su prometido era completamente leal.

—¿Por qué me has pedido que me case contigo? ¿Por qué eres incapaz de dejarla? —preguntó Eva a quemarropa.

Él se había quedado mirando las comisuras de su boca tan intensamente que sólo veía agujeros negros de infinitos poros. Mirándolos así, tan de cerca, podían ser cualquier cosa, agujeros negros en el espacio o huellas de un bastón en la nieve. Trató de parecer molesto porque ella había interrumpido el acto sin que ninguno de los dos hubiera gozado. En realidad estaba aliviado.

—Durmamos —dijo.

Eso era lo que necesitaba, *la mujer valium* que adormeciera todo lo que la otra había despertado. Que apagara al animal sediento de vida.

Pitt lamía ahora su mano y los lamentos comedidos de Eva le acompañaban como una canción de cuna. Lo que él más temía eran sus silencios. Se estaba quedando dormido cuando Eva, en un violento ataque, le obligó a terminar lo que había empezado.

Al día siguiente Pitt desapareció. Ulrich no volvió a verla hasta el día del entierro, cuando ya se le había pasado el celo.

Para saber lo que ha pasado,
para entenderlo,
tengo que ser como Dios
que lo ve todo desde lo alto
y como un perro
que sólo ve los detalles.
Para intentar ser como Fátima,
para intentar ser ella,
lo que ella pensaba,
lo que Ella creía,
lo que Ella supo
y nunca me contó.

«La indiferencia es peor que el despecho. La indiferencia puede matar», le iba diciendo primero a la rueda de su bicicleta y luego, con más furia, al mastín que corría tras ella por aquella llanura inesperada. Fátima tardó un poco en darse cuenta de que era la perra de Ulrich. Como si tuviese un objetivo, el bicho lanzaba su lengua hacia la cadena de la bicicleta y su cola se proyectaba hacia la línea opaca del horizonte. Suspiró. Pensaba que el perro quería ser una flecha. Pero no se preguntó cómo había llegado hasta allí, al fin y al cabo también ella estaba en aquel lugar y no sabía por qué. No debe de ser más difícil para un perro, al contrario; los humanos creen que los animales son los que hacen cosas sin razón alguna. Qué gran mentira, los animales siempre tienen una razón, aunque a veces no seamos lo suficientemente inteligentes para descubrirla. Los animales nunca son indiferentes, aunque pueden ser crueles. Ellos siempre huyen de algún dolor para encontrar algún placer. Son los humanos los que han vuelto sus razones tan abstractas que se vuelven incomprensibles. Las personas son las que eligen la indiferencia como la forma suprema de crueldad. Esto era lo que sentía: que nadie le haría daño pero sólo por miedo a ensuciarse las manos. Tampoco nadie movería un dedo para ayudarla. Nadie estaba escandalizado ni conmovido. Para esta gente ella simplemente no existía en realidad: como si sólo fuera una imagen tridimensional, un entretenimiento de salón a través del cual se puede pasar sin hacerse daño.

Pero quizás a las holografías, como a los espectros, les dolía cuando alguien los atravesaba. Era posible. Y también era posible que alguna vez Ulrich hubiera pensado que ella tenía sentimientos o deseos. A veces.

La bicicleta no era suya, sino de la madre de Werner, así que apenas llegaba a los pedales. Tampoco iba vestida con sus ropas: se había puesto uno de mis chaquetas. Había venido para pasar una noche y llevaba camino de quedarse una semana. Pero siempre de prestado. Prestadas las ropas, los sueños y los sentimientos. Y en cualquier momento el dueño podía venir a pedirle que le devolviera todo. Y descubriría que hasta lo que creía suyo era prestado: su carne y su sangre fueron dejados en prenda y ya no le pertenecían.

Esa mañana, antes de que Werner y yo nos levantáramos en la gran cama de los Von Carsten, Fátima —que ahora dormía en otra alcoba— quiso huir. Pero no había caballo que la llevara por la estepa, porque eso eran cosas de otros tiempos, como tampoco quedaban hoy tenientes de húsares. De tanto mirar hacia al futuro había olvidado que el presente era así de vulgar, y por tanto había preferido inventárselo.

El juguete español, la muñeca de ojos oscuros que grita cuando le aprietas el brazo. Cuánto había admirado a aquellas personas sólo porque eran más altos que los suyos, y a aquella clase de gente sólo porque pueden hacer lo que quieren. Y ni el dinero ni la estatura te hacen más verdadero, sólo te dan poder para ser más cruel cuando te encuentras a los que son más pobres, a los que son más pequeños.

A los de abajo.

Y sin embargo, Fátima admiraba en ellos tantas cosas… El problema no eran ellos, el problema eran sus ojos, que le habían mentido sobre lo que veían. ¿En quién puedes confiar cuando tus propios ojos te mienten? Si tú mismo te engañas, ¿quién te dirá la verdad?

Aunque la verdad no existiera, y sólo fuera una palabra, las palabras eran el sortilegio que hacía coherente la existencia del mundo: todo era mentira, y puesto que la palabra verdad existía, todo era también verdad. Y lo cierto era que uno inventaba su vida cada vez que la contaba con palabras. De los mismos hechos unos harían un cuento maravilloso, otros una tragedia. Uno tiene dos motocicletas y es feliz. Otro tiene dos hijos y es desgraciado. Cada uno piensa que estaría mejor si pudiera contar la historia del otro. Pero siempre sería él mismo quien la contara y la historia sería la misma. Uno tiene dos hijos y es feliz. Otro tiene dos motocicletas y es desgraciado. El que cuenta interpreta. Y quien interpreta, siempre miente.

Hubiera querido engañarse así, con palabras, para huir de la evidencia de su propia estupidez.

De su vida vulgar y de su intento infantil de contarse cuentos de hadas. Pero tenía que despertar, antes de que la despertaran los demás.

La madrugada había sido una parodia de la noche. Y ella en el papel que más detestaba, en el de la mujer flor que se utiliza para dar aroma a relaciones que huelen a podredumbre. La mujer que se corta para que dé olor durante un breve tiempo y que a las pocas horas, cuando se mustia, se tira a la basura. Aunque algunos a la basura le llamen una *garçonniere* en París.

Iba tan absorta que no le vio hasta casi chocar con él. Primero advirtió la sombra de una gran bicicleta negra que le ocultaba la luz del sol. Miró hacia abajo y descubrió los globos de los primeros faroles encendidos que parecían reflejos del infinito sol naranja.

Luego vio sus ojos. Era él. Fátima creyó que sin darse cuenta había estado siguiendo a su perra y que ella le había conducido hasta él. Pero el animal, de repente, había desaparecido. En realidad había sido al revés, con la excusa de buscar a Pitt que estaba de nuevo en celo, Ulrich había salido al campo a buscar a Fátima. Como si él también fuera un mastín, podía olerla allí fuera, no con su nariz sino con las aletas de su mente.

Discutieron. Ella no quería hablar con él. Nunca más. Él necesitaba que alguien le escuchase. En un raro ataque de sinceridad, contrario a sus costumbres, le había contado a Eva su aventura con la española. Le había dicho aún más tonterías, como que no podría vivir sin ella y que lo suyo debía terminar. Antes de acabar de hablar ya sabía que había saltado al vacío para que el horror le salvase del terrible sentimiento que le unía a una mujer que no podía hablar su idioma. En cuanto Ulrich le hubo confesado a Eva que iba a dejarla, ella supo que nunca lo haría. Ahora le contaba todo esto a Fátima, pero tratando de convencerla de que había roto con Eva para siempre: no quería que las dos le odiaran al mismo tiempo. Al menos deberían turnarse.

Habían dejado caer las bicicletas a tierra, y estaban sentados sobre la tierra empapada de rocío, tan cerca los dos que cada uno podía sentir el vaho del aliento del otro, pero sin tocarse.

Fátima no escuchaba sus palabras, sino que miraba intensamente la expresión de su boca, de sus cejas, las arrugas en su frente, hasta que lograba abstraerse del sonido de su voz y le veía como una televisión a la que se le ha quitado el sonido. Sus palabras contaban una historia. Sus gestos, otra distinta. «Está asustado», eso era lo que decían. Estaba asustado, y se mentía a sí mismo y a todos.En aquel momento no era un hombre enamorado.

—Tienes que ayudarme. Tienes que decirle a Eva que he hablado contigo. Te quiero, pero no puedo vivir sin ella.

Les estaba diciendo a las dos lo mismo. Con la esperanza de que fueran ellas las que decidieran. Él no quería decidir. Elegir es perder. Y perder es sufrir. Él no había sido educado para sufrir. Y todas las mujeres de su vida siempre le habían evitado los sufrimientos.

La humedad de la hierba les sobrecogió de pronto. Volvieron a pedalear, muy juntos, sin mirarse pero sintiendo cómo se rozaban sus rodillas. El sendero se hizo más estrecho y les obligó a seguir en fila india. Ulrich sobrepasaba a Fátima, pero se rezagaba esperándola y ella le adelantaba en el siguiente recodo.

Marchaban sin decir palabra, hasta que ella rompió el silencio.

—Hablaré con Eva —prometió.

Pero no dijo sobre qué.

Más tarde, cuando le pregunté en qué momento se separó de Fátima, Ulrich no supo responderme.

Era cierto, aunque nadie le creyese. Habían pedaleado en sus bicicletas hasta tropezar con la verja de los Von Carsten. Dos criados les abrieron y cuchichearon a su paso. Volvían allí sin haberlo deseado, como si los velocípedos ansiaran regresar a sus establos. Ulrich no podía soportar la intimidad del jardín, por eso se alegró cuando me vio tumbada en una hamaca del patio trasero. No sabía dónde se había metido Fátima.

Ulrich y yo no nos conocíamos mucho, y como a todas las mujeres que no deseaba y tampoco temía, no me había prestado nunca la menor atención. No creo que hubiera podido recordar mi rostro si hubiese cerrado los ojos. Pero me lo contó todo sólo porque pensaba que yo, aparentemente, no tenía nada que ver con aquello.

—Necesito llevar una vida normal. No una vida extraordinaria. He dicho solamente una vida como la de la gente normal, como la de todo el mundo que yo conozco, que tiene una casa, un coche, una piscina, vacaciones y una sauna al lado del garaje. No soy ambicioso, pero tampoco soportaría perder lo que tengo. No quiero una mujer a la que ninguno de mis amigos aceptaría. No soportaría una esposa que todo el mundo observara malévolamente en cada reunión. Dirían que no era suficientemente bueno para casarme con una alemana, y por eso escogí a una extranjera. La amo, pero no creo que esta pasión dure toda la vida. Pasará cuando ya no la desee. La despreciaré. Mi familia, mis amigos y conocidos… todo el mundo adora a Eva. Ella pertenece a su mundo, los entiende y ellos la entienden. Incluso cuando ya no haya amor, siempre nos quedará la amistad y la complicidad. Me ayudará en mi carrera y yo no la defraudaré. Pero si todo es tan claro, ¿por qué sufro hasta el punto de contártelo?

En aquellos momentos yo estaba demasiado satisfecha con tener algún secreto que me sirviera de coartada para poder desahogarme con alguien. Además, ver que los demás también son desgraciados siempre resulta el principal consuelo a nuestras desgracias.

—Hace dos noches que duermo con Werner. Y todavía no me ha tocado. No sé qué pensar. Creo que le gusto. Durante el día es tierno y cariñoso conmigo, pero por la noche se vuelve frío. Me convence para que me acueste con él, y luego me persuade para que duerma. Tú eres su mejor amigo, debes saber algo más de él.

—Si te soy sincero, nunca he visto a Werner enamorado, ni de un hombre ni de una mujer.

Ulrich volvió a ver a Fátima que atravesaba el jardín. Hubiera querido ir hacia ella, pero apretó los puños y me invitó a dar un paseo. Ya no sabía cuántas veces había visto y vuelto a ver a Fátima aquella mañana. No sabría cuándo era la última vez que la había visto. De haberlo sabido, nunca hubiera permitido que, más tarde, se lo preguntasen con tanta insistencia.

El cielo se volvió amarillo y luego gris. Oímos un gran estruendo. Sin duda los dioses jugaban al billar por encima de nosotros. El cielo se convirtió en un techo negro por encima del cual alguien muy enfadado hacía rodar balas de cañón. Los rayos golpeaban la torre de la iglesia como si fueran grietas en el tiempo. Era difícil no cerrar los ojos frente a las luces cegadoras y no taparse los oídos ante los truenos que cada vez sonaban más cerca. Luego descubrías que los rayos podían verse con los ojos cerrados. Y que el retumbar del cielo sonaba más fuerte dentro de la propia cabeza. Las sienes estaban a punto de estallarme. No podía soportar el dolor. Entonces abrí los ojos y vi a Fátima en pie delante de mí, contemplando la lluvia sobre el campo como si nunca hubiera visto algo tan hermoso.

Se había hecho de noche y el cielo se volvió violeta. Los relámpagos parecían luces de una discoteca, y entonces me di cuenta de que quien había inventado las luces de discoteca sin duda había querido que fueran relámpagos.

Fátima había decidido que no iría a buscar a Eva. Lo único que deseaba era irse de allí cuanto antes. Se iría ahora, sola, pero había preferido esperar a hablar conmigo, explicarme al menos los motivos de su partida.

Los túneles de la memoria unen el pasado con el presente por caminos misteriosos. Basta una melodía, un aroma o el rumor del roce de un pañuelo de seda para que lo que ya fue, parezca que es todavía. Y de repente, eso que fuimos, ese conjunto de células de ayer que ya no existen hoy, parece ser la misma persona que hoy somos y nos sentimos creyentes de la religión ingenua que llaman *la historia de la propia vida.*

Recuerdo cómo me impresionó aquella conversación, tal vez porque el discurso de Fátima carecía de esa lógica que me he visto obligada a impostar para poner en orden sus reflexiones y sus palabras. Me pareció que los labios de mi amiga temblaban al hablar, pero sobre todo temblaban cuando prefería guardar silencio. Temía que como en las novelas que tanto le gustaban a Ulrich, no hubiese transcurrido una noche, sino doscientos años en una noche, y mientras ella se creía dormida hubiese muerto y resucitado a la vez, como el monje que se entretiene con el canto de un pájaro y resulta que lo que para él han sido unos minutos, para el mundo han sido cien años, y lo más terrible es que todas las personas que conocía ya habían muerto.

Fátima también se preguntaba cómo podría vivir la gente cuando no existía el cinematógrafo, viviendo situaciones de película y vidas de cine sin darse cuenta de ello. Estaba segura de que la pantalla había cambiado la forma en que la miraban sus ojos y que ya nada podría devolverle la inocencia de los de su abuela. Cuando decía China veía una película de chinos, donde su abuela debía ver el reflejo de un abanico; conocía y desconocía gracias al cine todos los lugares remotos, y a medida que la vida le sucedía, se veía dentro de ella como si fuera una película, temiendo a cada momento descubrir que, cuando el director dijese finalmente «¡Corten!», ella no fuera la protagonista.

Fátima me explicó que toda su vida se había visto atraída por la gente deslumbrante, la gente que brillaba por su belleza, por su inteligencia, por su encanto, por su orgullo o por su desfachatez. Eso le había acarreado un montón de grandes y pequeñas decepciones, así que ya no buscaría más a la gente que brillaba: los brillos son engañosos y suelen dañar a la vista; ahora perseguiría a la gente que tenía buen corazón, el tipo de gente que mejora cuanto más la conoces y que no te atrae a primera vista. Ése es el tipo de gente que nunca te falla y del que siempre aprendes algo, el más difícil de encontrar.

Me dijo otras muchas cosas. Detalles intrascendentes que, no obstante, podían dar sentido a una vida entera, o a una muerte. Frases sin sentido y palabras inconexas que, sin embargo, me revelaron perfiles de Fátima que hasta ese momento no había distinguido. La locura representa, a veces, una forma del conocimiento. Y entonces sonó el teléfono.

En una buena historia siempre hay un asesino,
una víctima y un detective. ¿Siempre hay un detective?
En este libro pensaba que no había detective.
Pero
quizá
el detective era yo.

16

DURANTE TODOS ESTOS AÑOS NO HE DEJADO DE pensar que, si mi abuela no hubiera muerto aquel funesto viernes y trece, Fátima seguiría viva. Porque no puedo consentirme a mí misma dudar ni un momento de que yo nunca la hubiera dejado morir así. Si yo hubiera estado allí, nada de todo aquello habría sucedido. Si yo hubiera estado allí…

Me equivoqué al dejarla sola entre todos nosotros, porque ella no era de los nuestros. Cuando yo estudiaba en la Escuela Internacional actué con un grupo de teatro. Era una obra sencilla de buenos y malos, en la que yo representaba el papel de una malvada bruja, la más mala de todos. Al final del primer acto, la bruja atravesaba el patio de butacas blandiendo amenazadora la escoba. El primer pase fue muy cerca de la Bolsa, en un colegio tan caro y que olía tan bien como el nuestro. En la segunda representación tuvieron que fabricarme una especie de escudo porque los chiquillos se levantaban y me pegaban mientras pasaba cerca de ellos. Conocí por primera vez el miedo. Los niños me pegaban para vengarse de las maldades que la bruja había cometido en escena, y aunque yo estuviera de acuerdo con ellos, lo único que podía hacer era defenderme de los golpes, sin poder explicarles que yo no era realmente la bruja.

Semanas más tarde, actuamos a título benéfico en un colegio pobre de un suburbio. Ni siquiera teníán salón de actos y la obra se representó en el gimnasio. Cuando llegó el momento de que la bruja hiciera su paseo entre los niños del destartalado patio de butacas, yo estaba muerta de miedo. Si los colegiales educados del centro casi me habían arrancado los ojos, ¿qué harían aquellos mocosos que ni siquiera tenían juguetes para desfogar su odio? Emprendí mi paseo entre los espectadores sin apenas blandir la escoba. Esta vez, sin embargo, los niños no sólo no me atacaron, sino que se echaron a llorar y se escondieron debajo de las sillas.

Aquel día comprendí a qué se refería mi padre cuando hablaba de diferencias de clase.

Dejé a Fátima entre nosotros, pensando que ella podría defenderse, que había aprendido nuestras reglas y a partir de entonces era uno de los nuestros. Dejé a Fátima con mis amigos, pensando que eran los suyos, pensando que el deseo de Ulrich y la indolencia de Werner la protegerían. Olvidé que hay un momento en que incluso la más hermosa de las mascotas puede convertirse en un estorbo.

Yo soy la más culpable de todos, porque a pesar de mis mezquindades, quizá era la única que quería a Fátima. Soy la única que la ha recordado durante todos estos años. Hace tiempo que la fiesta de mi vida terminó, y se convirtió en una reunión tranquila en la que no han dejado de pasar acontecimientos felices, pero donde no ha vuelto a suceder nada extraordinario. Yo he recordado a Fátima en todas las fiestas y la mayoría de los días de mi vida he deseado con fervor poder cambiar el pasado, traerla de vuelta de la muerte, a este lado de las cosas donde el tiempo pasa y nos hacemos viejos. Porque yo he envejecido, pero ella no. Ella me mira implacable desde mis recuerdos, como sé que mira a Ulrich y a Eva. Ella nos ha vencido.

Nos ha unido y nos ha separado para siempre.

Aunque no hablemos de ella, sé que ninguno de nosotros ha podido olvidarla.

Recuerdo a Fátima sentada junto a la piscina jugando con el perro de Werner que le lamía los dedos de los pies. El césped estaba lleno de hojas anaranjadas como un *collage*. La luz de la tarde era dorada y hacía que los cabellos de Fátima tuvieran reflejos rojos. Sus ojos castaños desprendían un brillo amarillo y creí ver lágrimas en ellos. El sol dejaba escapar sus últimos destellos detrás de nosotros y Fátima parecía un ser de luz. Se tendió sobre la hierba y puso la cabeza sobre mi regazo. Quise acariciarle el pelo en el que se le habían prendido hojas secas, pero en ese momento llegó Werner con el teléfono en la mano, mordiéndose los labios. Si con aquella luz Fátima era una morena que parecía hecha de luz, con aquel gesto Werner se convertía en un ser oscuro: de espaldas al ocaso, incluso sus cabellos parecían negros.

—Ilse, han llamado por teléfono, Ilse… Ilse, lo siento…

Se me puso un nudo en el estómago, y sin querer aferré a Fátima por el pelo arrancándole unos cuantos mechones y un grito de dolor.

—Tu abuela, la de Giessen, ha muerto.

—¿Qué abuela? —repliqué, negándome a aceptar la gravedad de la noticia.

—Tu abuela… La madre de tu padre, creo… Tu padre me ha dicho que no la tratabais mucho, que había sido nazi…

Solté un suspiro de alivio aunque el rubor me corría por las mejillas. No podía soportar que mi padre hubiera dado la noticia a Werner sin esperar a hablar conmigo. Menos aún quería entender por qué le había contado los secretos de nuestra familia a un extraño. Claro que Werner no era un extraño sino el hijo de uno de sus amigos. Uno de los nuestros…

—¿Mi padre está todavía al teléfono?

—No, me ha pedido que te dé la noticia porque él estaba subiéndose a un avión. También me ha dicho que cojas el coche y vayas a buscarle.

Aquello era muy propio de mi padre. No necesitaba una hija, necesitaba un chófer.

—Ha insistido en que vayas vestida de negro.

Ése sí que era mi padre: no le preocupaba cómo iba a llegar, ni cómo estaba, ni si me afectaría aquella muerte. Le preocupaba que su impecable hija apareciera de riguroso luto a cogerle la mano en el entierro.

Para mi padre la vida era un teatro, y lo único importante era elegir bien el vestuario y ejecutar una representación perfecta en aquella escenografía. Si llevabas el traje adecuado, el sentimiento adecuado le seguiría, y tú acabarías por ser la persona adecuada, la que sabe estar en el lugar justo en el momento exacto.

Estuve a punto de decirle a Werner que llamara a mi casa para decir que no me había encontrado. No sentía deseos de levantarme del césped y abandonar la última fiesta del verano que ya era otoño para asistir al entierro de una mujer que prefería recordar tal y como había sido, con las manos de Fátima entre las suyas, sobre los tejados de Alemania.

Debí ir a visitarla mientras aún vivía. Ahora no sabía si era digna de ir al entierro.

Mi abuela había muerto mientras dormía. Había muerto sin claudicar, sin arrepentirse y sin pedir perdón. Había muerto con la peluca gris con la que se cubría la calva en la cabeza y la sonrisa sin dientes en los labios. Había muerto casi centenaria y triunfadora porque había vivido lo bastante para volver a ver a Alemania unida y no lo suficiente como para sentir alguna duda sobre aquella reunificación de despachos.

Había muerto sola. Tan cerca de mí. A pocos kilómetros de la casa de Werner, pero tan sola como si estuviera en el Polo Norte. Ahora ya nunca podría hablar con ella. Había retrasado todas las mañanas el momento de ir a verla y ahora era demasiado tarde.

Me dolió su muerte. Todas las muertes me recordaban la mía y me parecía triste que muriera ahora, cuando yo me había dado cuenta de que existía y podía presumir de abuela. Muriéndose me había quitado algo, aunque todavía no supiera qué.

Creo que incluso emocionó a Fátima, que me recordó la suerte que había tenido de que hubiera vivido un día más para que ella pudiese conocerla. Si hubiese muerto el jueves no habrían podido tomar pasteles juntas aquel viernes, y ella sabía o soñaba, que hubiese dejado de comprender algo esencial. No recordaba qué, pero pugnaba por saberlo, porque alguna parte de ella lo sabía. No le había apenado la muerte de la anciana, porque después de la muerte de Xabier, que tenía veintidós años, prometió que no lloraría por la muerte de nadie de más de cincuenta, que al menos ha tenido un poco de tiempo en la vida. Pero le emocionó.

Así que yo hubiera podido no ir al entierro o acaso hubiera debido pedirle a Fátima que me acompañara. Ni siquiera lo pensé entonces. Me sentía en deuda con Gertraud, por todo lo que me había dado en el último momento, y a pesar de todo tenía ganas de ver a mi padre. Me excitaba pensar que por unos momentos lo tendría para mí sola, que me abrazaría al llegar y el olor a tabaco de pipa de su chaqueta me haría sentir todavía una niña. En el fondo yo adoraba a mi padre aunque él nunca se diera cuenta de ello. Y yo misma a menudo también lo olvidara.

A veces me gustaría creer que hay un libro en el cielo donde nuestras vidas están ya escritas. Y que yo no había tenido otro remedio que levantarme de la hierba, pedir prestado un traje negro a Eva y marcharme de la casa y de la fiesta dejando a Fátima sola con el perro en el jardín. Nos abrazamos deprisa y ella levantó la mano cuando mi coche arrancó patinando sobre la grava. Pero en ese momento comenzó a llover y el sonido del limpiaparabrisas no me dejó oír cómo gritaba mi nombre.

Aquella fue la última vez que vi a Fátima. Después de eso no sabré nunca exactamente lo que sucedió en realidad. Ulrich me lo contó mil veces en los primeros tiempos, cuando me llamaba casi todos los días como si yo fuera la última cosa que quedaba de Fátima, Eva me lo contó una vez y casi sin contarlo. Me fío más de Werner, pero ni siquiera sé si las cosas fueron tal y como él dice. Me gustaría que existiera Dios para que en alguna parte se tuviera constancia de las luchas de los hombres. Me gustaría que existiera Dios para que las cosas fueran de una sola manera, y no de muchas, para que hubiera una verdad y no una duda, pero sobre todo me gustaría que existiera Dios para que hubiera alguien que pudiera perdonarnos.

Me contaron que a Fátima pareció afectarle mucho mi partida. Aunque lo más probable es que sólo fuera una excusa porque entonces tenía muchas cosas en la cabeza. El verano casi había terminado y cada uno de nosotros debía continuar con su vida. Fátima tenía que buscar un trabajo, un piso, una dirección en la vida. Lo mío era más difícil; yo tenía que buscar una manera de estar en el mundo. Werner tenía que volar a las estrellas. Y Ulrich... Ulrich debía descubrir lo que quería y a quién quería.

Habíamos ido a Alemania para una fiesta que debía durar un día y era ya casi una semana la que habíamos pasado en casa de Werner. La nevera estaba vacía. Por fortuna habían vuelto algunos criados, pero los padres de Werner seguían de viaje.

El día en que partí hacia el entierro, me preocupaba más separarme de Werner que despedirme de Fátima.

Mi relación con Werner estaba en el aire y aunque comenzaba a dudar de que le gustaran las chicas, estaba cada vez más segura de que yo no le gustaba. A Fátima, pensaba yo, la tendría siempre. Por eso me preocupaba de lo perdido, de lo que estaba en juego. Crecer es aprender a luchar también por lo que tienes y no sólo por lo que no tienes. Pero entonces yo no lo sabía. Creía que debía conseguir a Werner y pensaba que a Fátima la tendría siempre conmigo, como una sombra o como una amiga. En realidad era al contrario. ¿Cómo hubiera podido saberlo yo entonces? Si lo hubiera sabido, todo habría sido distinto. Ni siquiera hubiéramos ido a aquella fiesta. El verano hubiera terminado de otro modo y mi vida sería otra.

Pero entonces lo que me importaba era conseguir a Werner. Si me casaba con Werner, mi padre me miraría con admiración. Mi padre solía criticar que anduviera tanto con extranjeros, como si mi propia vida no me hubiera abocado a ello. Había salido incluso durante unas semanas con un turco —en realidad, el hijo de un banquero turco—. Sin embargo Fátima era mi amiga favorita, la única por la que yo hubiera hecho algo que fuera contra mis intereses.

Ahora pienso que Fátima era demasiado buena para mí o al menos demasiado ingenua. Fátima había venido para salvarnos a todos, ella hubiera podido redimirnos del aburrimiento y del vacío, pero nosotros no se lo permitimos.

La misma mañana en que recibí la noticia de la muerte de mi abuela, Fátima me había contado un sueño. Era un sueño extraño, como todo lo que ella me contaba. Yo misma no recuerdo mis sueños, ni siquiera ahora que me gustaría recordarlos por ver si encontro a Fátima en uno de ellos, para poder tocarla otra vez, abrazarla otra vez, oírla otra vez.

Fátima me contó que soñó que era una rana gigante. Una rana con cabellos negros y rizados que viajaba a un país extranjero, y en aquel país se encontraba conmigo, que no iba vestida de bruja sino de hada. Yo era el hada rubia de los cuentos de su niñez y ella me pedía que la convirtiera en príncipe. Yo cerraba los ojos y mi varita mágica comenzaba a despedir estrellas de luz, puesto que en el sueño yo era un hada verdadera. Por un momento la piel verde de la rana se convertía en sonrosada. Yo, el hada, fruncía el ceño y me concentraba, y por unos instantes la rana se convertía en príncipe, pero ni siquiera en el sueño era yo un hada muy poderosa, así que mi hechizo no duraba, la rana volvía a ser rana, Fátima volvía al cuerpo de la rana y saltaba al agua, entonces se daba cuenta de que lo único que había funcionado del encantamiento es que ahora tenía unos pulmones de príncipe que no le servían para respirar bajo el agua ni para salir a tierra con aquel cuerpo de rana. Me hubiera gustado saber cómo podía acabar una historia así, pero en esos momentos Fátima se despertaba y venía a buscarme a la cama de Werner.

Eso era lo que había sucedido aquella mañana, la última mañana de aquella fiesta interminable que acabaría en el cementerio. Fátima vino a buscarme y luego, entre risas, trató de empujarme a la piscina. Le gustaba más que nada en el mundo nadar desnuda por la mañana antes de desayunar.

En el mar hay olas, pero en la piscina sólo hay anillos de luz que en aquel momento aprisionaban el cuerpo de Fátima como si fuesen anillos de oro.

Los padres de Werner no sólo tenían una piscina de vapor con música en el agua, sino también una enorme bañera romana con chorros que caían desde todas partes, chorros de agua que parecían capaces de limpiar el mal del mundo y los problemas de Alemania.

Aquella mañana en que mi abuela había muerto pero yo todavía no lo sabía, la piscina estaba llena de hojas fosforescentes. El jardinero no había ido a trabajar y nadie se había preocupado de echar la persiana de metal sobre la superficie para separar el agua del otoño. Fátima quería que nadara con ella, se reía de mis miedos y acabé lanzándome al agua, desnuda yo también. Tropezábamos como peces ciegos la una contra la otra y la otra contra la una. Los pezones se nos habían endurecido con el frío y las rodillas dolían un poco al golpear el agua. La atrapé por la cintura y jugué a hacerle cosquillas. Luego hicimos carreras nadando de un extremo a otro de la piscina, que era pequeña pero suficiente para contener un mundo. Un mundo de agua con otras reglas, en el que yo podía apretarla entre mis brazos sin que nada sucediera. Pasarían muchos años antes de que yo pudiera volver a nadar o a bañarme en una piscina. Aquel era mi último baño en mucho tiempo pero entonces no lo sabía.

Salimos del agua y nos tumbamos sobre el césped sin importarnos que la hierba recién cortada se nos pegase al cuerpo y tuviéramos que mojarnos con la manguera para quitarnos las pajitas que se nos habían quedado prendidas en el pubis. Enseguida sentimos frío y corrimos hacia la casa. Entonces nos dimos cuenta de lo temprano que era. Acababa de amanecer y los contornos de la casa eran tan borrosos con aquella luz como si los estuvieran acabando de hacer para nosotras. Fátima me contó luego el sueño de la rana que la había despertado con el alba, que la había llevado hasta mi cama, que por última vez la había arrojado a mis brazos.

17

CUANDO ERA MÁS JOVEN ME GUSTABA MUCHO conducir, y yo era muy joven cuando sucedió todo aquello. Conduje a través de los pueblecitos de colores del Oeste, atravesando las pequeñas islas en blanco y negro del Este recién unificado. Miraba a los *ossies* vagando alrededor de los supermercados recién abiertos que vendían cosas que no tenían dinero para comprar. Aferrados a sus bolsas de plástico y a sus sueños. Vestidos todavía de verdes caqui y de grises, pero ya con alguna bufanda de color vivo. Paré a echar gasolina. La chica que me la sirvió estaba llorando. Me contó que su vecino se había ahorcado esa mañana. Por la tarde tenía que entregar las llaves de la casa en la que había nacido a su propietario antes de la separación de la guerra. Había ido a la droguería y pidió fiado cable para cercas. La empleada no sabía para qué podía querer alguien cable para cercas en aquel pueblo industrial donde no había ganado, pero el caso es que no quedaba cuerda y había mucho cable para cercas. Se ahorcó con el cable de metal y el cable le arrancó de cuajo la cabeza. Ahora su amiga lloraba y se lo contaba a todos los que se paraban en la gasolinera. Sin duda le parecía insultante que todos siguiésemos conduciendo con atrevimiento carretera adelante sin enterarnos siquiera de su muerte. Esa tarde vendría alguien como yo, alguien de mi mundo, y se llevaría las llaves de la casa. El vecino muerto no tendría al menos que hacer la mudanza, sus amigos se estaban llevando ya las pocas pertenencias que no se había llevado la policía. A ella le había dejado un televisor en blanco y negro.

Las lágrimas de la chica de la gasolinera se mezclaban con las manchas de grasa en su cara. Eran lágrimas negras. A veces sacaba la lengua y las tragaba, a veces se ahogaba con ellas. Le di el pañuelo de Werner a la chica de la gasolinera. Me contó que se llamaba Kerstin y que el muerto se llamaba Ulrich.

—Yo también tengo un amigo que se llama así —le dije.

Me hubiera gustado saber qué hacía Ulrich en aquel preciso momento. Aquel Ulrich al que siempre le habían atraído las alturas, hasta que sintió la náusea del vértigo que le acompañaría toda su vida.

Me habló de su segundo ataque de vértigo. Estaba anocheciendo, un buen rato después de que yo me marchara. En aquella casa hacía tiempo que habíamos convertido los días en noches y las noches en días. Miró a Eva que dormía y vio a Fátima que nadaba en la piscina. La respiración de Eva era plácida, la de Fátima agitada por el esfuerzo. Desde la ventana podía oír cómo jadeaba y llamaba al perro. Todo lo que aquella mujer hacía, lo hacía con furia y desesperación. Como si le fuese la vida en ello.

Unos días antes no había oído hablar de esa mujer, no la conocía siquiera y su vida era perfecta. Cómo es posible que en unos minutos suceda algo y cambie tu vida para siempre. Luego quieres volver atrás, quieres que todo sea como antes y no puedes. Porque ni siquiera sabes cuál fue el momento preciso en que las cosas cambiaron, cuándo dejaste de ser tú y te convertiste en otro.

Llevaba días en aquella casa y en aquella vida fuera del tiempo. Parecía que no existía nada fuera de la casa de Werner. Aquel era un mundo tan real o tan irreal como el de fuera, donde la gente del Este huía hacia el Oeste y saqueaba los supermercados para saciar su hambre de papel higiénico. Pero ni aquella era su casa ni aquella era su vida. Ahora que el mundo exterior se nos había colado dentro, ahora que yo había tenido que abandonar la casa para volver al llamado mundo real, el tiempo suspendido no podía durar mucho más. La fiesta estaba a punto de terminar y él tendría que abandonarla solo o con una de aquellas dos mujeres.

O por qué no, con las dos.

Bajó al jardín. Fátima tenía un lunar junto a la boca, aquella luz parecía una mancha de chocolate, le dieron ganas de comérselo.

Pero no ahora. En cuanto le vio, ella volvió a tirarse al agua y se alejó chapoteando.

—Voy a dejar a Eva, de verdad —le gritó.

Pero ella siguió nadando en el otro extremo de la piscina. Ulrich caminó hacia ella y se arrodilló al borde del agua. En ese lado no se hacía pie y Fátima se agarró a la barandilla. Sus senos subían y bajaban igual que sus pestañas.

—Ulrich, Ulrich, no digas cosas de las que te puedas arrepentir.

—No voy a arrepentirme. Quiero a Eva, pero no puedo soportar la idea de que te vayas: eres como yo, eres un yo que no sabía que tenía.

—¿Un yo extranjero con rizos negros que no habla bien tu idioma?

—Un yo con el que no necesito hablar para entenderme.

Fátima se había sentado junto a él con las piernas encogidas en posición fetal, tembló un poco porque comenzaba a hacer frío y Ulrich intentó protegerla con su brazo. Ella le rechazó.

—Te contaré una historia que un día me contaron: Europa es un hombre viejo y gordo, muy gordo y muy sonrosado. Tiene ojillos azules de cerdo. No sabe que lo están engordando para poder sacrificarlo. Come, bebe, se ríe y hace fiestas. Está encerrado en su castillo protegido sólo por un hilito de agua de mar. Oye los chillidos de los animales hambrientos que desde fuera le reclaman algo de su comida, podría mandar que les arrojaran sus migajas, pero no lo hace porque para eso tendría que levantarse de la mesa. Un día todos esos animales hambrientos, negros, africanos, magrebíes, indios, chinos... romperán su puerta y se lo comerán a pequeños trozos. No quedará nada de él, porque ha dejado que lleguen a estar demasiado hambrientos, lo bastante hambrientos para ser caníbales. Se comerán sus ojos azules, y cuando hayan acabado seguirán teniendo hambre.

Ulrich reprimió un escalofrío.

—Esa historia no tiene nada que ver contigo ni conmigo. Nosotros no somos Europa, ni Alemania, ni España. Nosotros somos dos.

—Tiene que ver conmigo. Viajaba en un tren en el Sur de Francia. Era un tren barato que paraba en todas las estaciones. Se paraba rechinando y en cada ventana veías las cabezas rapadas de los soldados franceses que iban de permiso, como si fueran a una guerra. Todavía no había guerra. Subieron por docenas y me encontraron semidormida en mi compartimento. «Puta árabe —decían—, vamos a enseñarte quién es el amo». Y los que más gritaban eran los que parecían árabes, como yo, que parecía árabe pero no lo era. En el último momento saqué mi pasaporte español, lo puse ante mí para protegerme como si fuera una cruz para protegerse de un vampiro. Mi pasaporte europeo. De España. De otro país. Se fueron retirando. Nadie les hubiera dicho nada por violar o incluso matar a una chica argelina o marroquí, pero con una española podía haber problemas. El hecho de que fueran incapaces de diferenciar entre una y otra no les hizo pensar, pero a mí sí. Pagaremos todos. Los unos por los otros. Toda Alemania pagó por los nazis y ahora Europa pagará por todos. Cuando eso suceda yo estaré siempre con los perdedores, no por lo que soy, sino por lo que parezco.

Él le tapó la boca, primero con su mano y luego con sus labios. Entonces ella se abrazó a él y comenzó a llorar. Ulrich la besó en la nuca, sabía a sal y a cloro de piscina, y pensó que nunca había probado nada tan bueno.

Ulrich me contó luego que había perdido la noción del tiempo, que ni siquiera se dio cuenta de que se hacía de noche, ni mucho menos de que Eva llevaba un buen rato allí, detrás de ellos, contemplando en silencio cómo se besaban mientras ella acariciaba al perro.

El avión de mi padre llegó con retraso. Mi padre iba siempre con retraso en la vida, y he llegado a pensar que por eso mismo llegará tarde a su entierro. De momento había llegado tarde al entierro de mi abuela, de su propia madre. Cogimos un taxi porque ni él ni yo sabíamos dónde estaba el cementerio. El taxi llegó a tiempo para emprender una loca persecución del coche fúnebre como en una película de espías. Estuvimos a punto de estrellarnos contra uno de los cipreses en el camino al cementerio. Llegamos a duras penas a la entrada, donde nos bajamos del coche a toda prisa. De la pequeña capilla del camposanto salió un hombre vestido de sacerdote con un megáfono que recitó unas palabras entrecortadas que sonaron como el ruido de una ametralladora. No las oímos porque ya estábamos corriendo de nuevo hacia el taxi a punto de arrancar, pues el furgón fúnebre había partido a toda velocidad. No sé que hubiera pensado mi abuela si hubiera visto su carrera final sobre la tierra. Ella que se había tomado su tiempo para todo, se veía ahora transportada al Mas Allá a velocidad de vértigo y ni siquiera en un elegante coche negro, sino en una furgoneta marrón. Mi padre parecía muy disgustado.

—Te aseguro que escogí uno de los entierros más caros —me dijo.

Yo lo dudaba mucho porque conocía a mi padre. Su sentido del dinero sólo era comparable a su indiferencia por los demás. Por fin llegamos a los nichos de nuestra familia. Ni mi padre ni yo sabíamos que había un panteón familiar en aquella ciudad. En una columna tres nombres que llevaban nuestro apellido se alineaban esperando a mi abuela. El más reciente había muerto hacía cuarenta años. No había nadie más. Ya no quedaba nadie que pudiera venir al entierro. Los maridos y los amigos de mi abuela habían muerto hacía tiempo, y nadie podría despedirla. Eso es lo que pasa cuando esperas al final de la fiesta, que no queda nadie para decirte adiós.

El furgón fúnebre había llegado antes que nosotros y unos hombres vestidos con monos naranja estaban disponiendo el féretro en un montacargas. Lo elevaron hasta su nicho y rápidamente comenzaron a cerrar el hueco con ladrillos. Mi padre me tomó la mano. Supongo que estaba buscando en su armario de sentimientos uno adecuado para la ocasión, pero no encontraba nada. Yo por mi parte me esforzaba en pensar en mi abuela, pero sólo conseguía pensar en Werner, en Ulrich y en Fátima, y en lo feo que me parecía aquello. Al primer marido de mi abuela le habían enterrado en el suelo patrio, bajo la lluvia, entre lágrimas, como un héroe. Si quieres tener un gran entierro, hay que morirse a tiempo.

Llevaba conmigo el *shaddai* de Maria, el mismo que Maria regaló a mi abuela y que mi abuela me regalo a mí, y lo apretaba con fuerza en la mano que mi padre me dejaba libre, como si quisiera tatuarme en ella sus relieves cabalísticos. Al salir de la casa de Werner, lo había cogido pensado en depositarlo en la tumba de mi abuela. Pero ni siquiera había tumba, sino un nicho a tres metros de altura, así que hubiera sido necesario un montacargas para colocarlo allí. De algún modo, era como si Gertraud, desde la muerte, no quisiera que le devolviera algo que ya era mío. Y al apretar más y más aquella joya, sentí que la piel de la mano se humedecía, y que mis gotas de sangre se mezclaban con la sangre ya reseca de mi abuela.

Mientras concluían los últimos detalles de aquella obra de albañilería en miniatura, mi padre comenzó a hablar de los egipcios. No venía a cuento, pero tampoco había nadie que pudiera reprendernos.

—Los egipcios creían que si no tenías una tumba adecuada, no llegarías a la vida eterna.

Estaba claro, entonces, que mi abuela lo tendría difícil, porque en ese mismo momento uno de los operarios vestidos de naranja bajó de la escalera y le entregó a mi padre un papel amarillo:

—Ya hemos terminado. Firme aquí.

Y se nos quedó mirando, como esperando que saliéramos corriendo. Mi padre firmó y siguió hablando de los enterramientos de los etruscos que sonríen en los sepulcros, de las pirámides de Egipto, de los ajuares funerarios. Y acabó diciendo que a una civilización como la nuestra, que tira a sus muertos a la basura, le queda poco tiempo.

—Espero que tú hagas algo mejor que esto conmigo —me dijo—. Si me entierras así, te mato —añadió.

No me reí. Mi padre me invitó a comer mientras esperaba para ir al notario. Entramos a un restaurante tirolés decorado con corazones de madera en el que todos los camareros eran filipinos. No quería hablarme de su nueva novia, así que me habló de la abuela.

—Siempre fue nacionalsocialista. Quiso vivir hasta ver Alemania reunificada y lo ha visto. Nosotros no tenemos la culpa de sus ideas. Hemos pagado por ellas toda la vida. Quizá ella tampoco tenía la culpa, sólo era una niña cuando Hitler subió al poder. Solía odiarla por eso, pero su muerte me ha hecho recapacitar. Los alemanes hemos pagado un precio demasiado alto por nuestra historia.

Tenía ganas de gritarle a mi padre lo equivocado que estaba. Nunca había sabido quién era su hija y mucho menos quién había sido su madre. Pensé que quizá Gertraud habría querido que le enseñara la carta, que supiera la verdad, pero mi padre seguía hablando como un abogado de Baviera mientras pedía más vino. Mi abuela me había escrito a mí. Tendría que llegar el tiempo de la verdad, pero éste no era el momento. Mi padre estaba demasiado encantado con su propia versión de los hechos.

—Murió mientras dormía. Había cumplido ochenta años que, por los acontecimientos que conoció en su vida, debieron parecerle doscientos.

—Fue una época difícil, pero ahora todo se está arreglando —repuso mi padre.

Me hubiera gustado que me preguntase por mi vida, si tenía un novio, si era feliz, qué sentía. Pero todo eso no parecía importarle demasiado. Pidió la cuenta a uno de los filipinos que se la trajo sin decir palabra.

—Ahora abriremos el testamento. Veremos si ha dejado algo para nosotros —añadió—. El muro ha caído, la vieja Alemania debe dejarle algo a la nueva.

Pensé que seguía siendo un avaro de fáciles palabras. A pesar de eso, quizá por eso mismo o porque me imaginé cómo sería el entierro de mi padre, a partir de ese día le quise más.

18

VIAJAR ES TAMBIÉN UNA FORMA DE HUIR. ESO es quizá lo que hacían los padres de Werner, viajando por el mundo para no tener que despedirse de su hijo. Mi padre y yo volvimos al aeropuerto en taxi, nos despedimos sin esperar a que él facturara y yo fui en busca de mi coche: quería alejarme del pasado, del de mi familia y del de mi país, antes de que se acabara el idilio entre padre e hija, y a él se le ocurriera preguntarme por el Examen de Estado.

Sentía que la vida se había quedado en la casa de Werner. Una casa que ahora me parecía fuera del tiempo y del mundo. Casi no podía soportar el ruido de la autopista, el estruendo de los coches: el olor a gasolina de la realidad me daba asco. Creía que la verdadera vida estaba allí, con mis amigos, y no dejaba de preguntarme qué habría ocurrido en mi ausencia.

Ahora tenía la certeza de que el tiempo en la casa no era como el tiempo fuera. Allí el aire estaba comprimido. Los sentimientos, los días, las noches, todo estaba comprimido: la vida pasaba más deprisa, pero el tiempo transcurría con más lentitud.

Cuando llegué a la casa encontré la verja abierta y las luces apagadas. Era de noche. Nadie vino a abrirme. Todas las puertas estaban abiertas. No oí ladrar al perro. Sobre la grava de la entrada y en el jardín, como si fueran pétalos, yacían cientos de mariposas muertas. Tenían las alas oscuras y era la primera vez que yo las veía, así que tenían que ser mariposas que habían vivido un solo día. Habían vivido en la casa mientras yo estaba fuera. Al verlas comencé a temblar: quizá, como en las historias que tanto le gustaban a Fátima, no hubiese transcurrido una noche sino cien años; quizá, mientras creía conducir, había muerto y había resucitado, y como el monje que se entretuvo con el canto de un pájaro, yo hubiese llegado ahora a nuestro futuro. A cualquiera le encantaría ver lo que pasa dentro de cien años, pero lo único que ve el monje de la historia es que todos sus amigos están muertos; los míos sin duda dormían, porque nadie, ni siquiera el perro, salió a recibirme ni hizo caso de mis alegres cláxones.

Nada más entrar, deseé no haberlo hecho, como si la casa fuera ahora un lugar desconocido para mí y su dueño fuese a aparecer de un momento a otro para expulsarme. Pero nadie apareció. Aquella casa que no me reconocía estaba desierta.

Recorrí nerviosamente las habitaciones como si mi propia respiración me persiguiese. En la mesa del salón grande encontré un vaso de whisky todavía lleno. El cristal de Bohemia se quebraba por la huella del carmín que lo había besado. Junto al teléfono apenas polvoriento una agenda seguía abierta en la W.

Dejé mi bolso de viaje en el dormitorio de los padres de Werner. Las cortinas estaban echadas. Al descorrerlas, vi la piscina herida por las luces rosadas del anochecer. Todavía hacía calor. Impulsada por el aburrimiento, me puse un traje de baño y salí al jardín. Alguien había echado la persiana de acero sobre el agua, pulsé el botón que la descorría automáticamente y me tiré a la piscina con los ojos cerrados. Pensé que acostarte con alguien la primera vez es así, lanzarte a una piscina con los ojos cerrados sin saber lo que vas a encontrar. Sólo puedes hacerlo si crees conocer bien a ese hombre o ese agua. La primera bocanada de cloro pareció devolverme la inocencia. Me dejé flotar hasta que me pareció que las ramas de los árboles me susurraban y se inclinaban hacia mí como si intentaran acogerme en su seno. Empecé a nadar vigorosamente para huir de los chopos traicioneros, del entierro de mi abuela, de mi propia cobardía. Nadaba con los ojos cerrados y al tropezar con el cadáver, pensé que se trataba de hojas arremolinadas o líquenes que flotaban. Eran los cabellos de Fátima que nadaban hacia la luz como fantásticas raíces.

Cuando llegó la policía, no pude recordar que hubiera sido yo quien la llamó. Sólo sé que me hallaba en el jardín encogida y envuelta en una manta, y que de repente todo se llenó de focos y de luces de colores como si hubiera aterrizado una nave extraterrestre. Se trataba de un único coche de policía que entró por el camino de grava sin detenerse a pedir permiso. Con el coche llegó un estruendo de pitidos, bocinas, gritos y voces. Hasta entonces sólo se oía el viento entre los árboles y yo estaba segura de que si escuchaba con atención podría oír a Fátima. Ella me hubiera dicho algo desde su silencio de agua, pero llegó la policía, dispuso un precinto de plástico en torno a la piscina y Fátima fue ya incapaz de decirme nada. Entonces creí que aquella cinta era un círculo mágico para separar lo que había ocurrido en la piscina del resto de nuestras vidas. El plástico sin embargo me pareció irreverente, aunque no tanto como la manta de aluminio con la que cubrieron a Fátima. La taparon con una manta normal y otra de aluminio como si tuviera mucho frío. Es posible que sea así y que se pase mucho frío de muerto, pero imagino que querían cubrirla a toda prisa para que no la viéramos. Yo quería verla. Alguien le había apoyado la cabeza en una toalla mojada, como para que estuviera más cómoda. Tal vez fui yo misma quien lo hizo. La policía me lo preguntó, pero no supe contestarles.

Recuerdo que los policías eran un hombre y una mujer, y que la mujer me pareció muy bonita hasta que se dio la vuelta y vi que tenía media cara deformada por el fuego. Con la mitad de su cara era como una modelo de las revistas. Con la otra mitad, arrasada por el fuego, como arrastrada por el mismo viento que había soplado aquella noche, se veía obligada a ser policía. Yo debía de estar muy afectada, pues la mujer policía me ayudó a sentarme en una silla del jardín y me trajo algo caliente. Hacia frío de pronto, el aire soplaba helado y las ropas se quedaban rígidas sobre los cuerpos.

La mujer policía me tapó con otra manta de aluminio, como si tuviera una provisión inacabable de ellas en el coche. Era una de esas personas a las que te gustaría contarle todo, no sólo lo que había pasado aquel día, sino toda tu vida. Que tu padre no te quiere o que no sabes si te gustan los hombres o las mujeres. Podrías contarle cualquier cosa siempre que no se girase bruscamente y cambiara su rostro deforme por su cara de portada de revista sonriente. Y, acaso porque en el último momento inclinó su cabeza y mostró el perfil más hermoso, le mentí.

No sé por qué le mentí, pero le mentí. No dije nada de la cortina de acero debajo de la cual había estado encerrado el cuerpo de Fátima. Sólo dije que la había encontrado flotando en la piscina. Sé que lo hice para proteger a Werner, para proteger a Eva, para proteger a Ulrich, para protegernos a todos nosotros. Incluso entonces me pregunté cuál era el peligro. Me repetía que nada de lo que dijera podría traer a Fátima de vuelta. Ahora pienso que no era cierto. Si no lo contaba no habría sucedido, la maldad no habría sido tan grande. El mundo no sería un lugar tan terrible donde siempre ganan los malos.

No sé en qué momento me había encontrado con Werner acurrucado en la sala de billar. Lo que más le preocupaba eran sus padres. No sabía cómo salir de aquello sin que se enteraran sus padres.

—Si mi madre lo sabe, mandará clausurar la piscina. Puede incluso que nos mudemos de casa.

Sólo mucho más tarde vi a Eva y a Ulrich. Estaban abrazados en el cuarto de los padres de Werner. Ulrich temblaba, y debían de haber estado así todo el tiempo. Por eso no habían salido a saludarme. A sus pies dormía la perra de Werner. La habían sedado porque no paraba de ladrar.

Luego supe que el perro era el único que había tratado de lanzarse a la piscina para ayudar a Fátima. Werner lo agarró en el último momento evitando que la persiana de metal le cortase la cabeza.

Werner tenía que haber sido el primero al que consiguiese sacar algo coherente sobre lo ocurrido mientras yo no estaba, sobre aquella horas en que las mariposas negras habían vivido y muerto en el jardín. No me sorprendió saber de la discusión entre Ulrich y Eva, aunque ni por un momento he creído que Ulrich hubiese podido dejarla por Fátima. No sé qué hizo Werner allí en el momento fatídico excepto salvar al perro. Incluso me pregunté si Ulrich no estaría a solas con Eva cuando ella distrajo a Fátima hasta el fondo de la piscina y él apretó el botón de la persiana metálica que se convirtió en la hoja de una guillotina.

Pero eso no es lo que Werner me contó. Empezó afirmando que había sido un accidente. Sólo que un accidente algo distinto del que contamos a la policía. No sé qué es lo que pudo llevar a Fátima a nadar de noche en la piscina, salvo la desesperación. Para ella la piscina era la paz, la seguridad, las aguas del útero original. Werner aseguró que Eva no había apretado el botón de la persiana, sino que se había disparado por accidente mientras Fátima buceaba a por el anillo de Ulrich que se le había deslizado del dedo hasta el fondo de la piscina. Cuando quiso salir del agua ya era tarde. La cortina de acero la separó para siempre del aire y de la vida.

Meses después, un día en que vino a verme a París, medio borracho, cuando la policía ya había dejado de hacer preguntas —y debo reconocer que nunca hizo muchas— y después de acostarse conmigo llevado mucho más por el remordimiento que por el deseo, Werner me confirmó que él estaba allí, pero que quizá Eva había sido la que apretó el botón y quien posiblemente lo hubiese previsto todo desde el principio; él estaba allí pero se quedó boquiabierto, paralizado —fueron sus palabras—, esperando que alguien hiciera algo, seguro de que Ulrich haría algo. Él sólo consiguió fuerzas para sujetar al perro en el último momento. Werner repitió una y otra vez que no hubiera podido salvarla aunque hubiera querido, que si tampoco Ulrich había hecho nada era porque no había nada que hacer.

—Como uno de esos accidentes al otro lado de la carretera —argumentaba—: ves a un hombre desangrándose, no te paras porque nadie se para. Piensas que tú no estás obligado a pararte, si no hay alguien que se pare antes que tú. Y cuando te das cuenta de que no se ha detenido nadie, es demasiado tarde para volver atrás, estás demasiado lejos, no hay manera de dar la vuelta en la autopista y aquel hombre ya ha muerto.

Estábamos sentados en mi cama. Werner tenía un cigarrillo en la mano. En lugar de encenderlo, encendía una y otra vez el mechero con la otra mano y se quedaba mirando la llama como si en el minúsculo fuego se hallara la respuesta a alguna de nuestras preguntas.

—Cuando quise hacer algo ella ya estaba muerta, ya no merecía la pena. No fue culpa mía. ¿Por qué tenía yo que ser mejor que los demás? ¿Por qué tenía que hacer lo que Ulrich no fue capaz de hacer?

Debería haber sido una gran sorpresa constatar que Ulrich había estado presente, pero no lo fue. Ulrich se había pasado dos días en mi casa cuando todo aquello terminó, bebiendo sin parar y llorando a ratos, sin que yo supiese por qué no le echaba, ni él mismo comprendiese qué hacía allí. Me contó una versión muy diferente de los hechos. Me dijo que Eva le había cogido la mano todo el tiempo, mientras sentían que Fátima todavía se debatía bajo la persiana. Se habían cogido la mano los tres mientras Fátima moría. Sin que ellos la tocaran, pero sin que movieran un dedo. Ulrich también quería creer que había sido un accidente. Aseguraba que Eva no había apretado el botón, aunque reconocía que era Eva la que había desafiado a Fátima a bucear por su anillo.

Sentía que todos éramos culpables de su muerte, reos de lesa indiferencia, incapaces de mover un dedo para salvarla, pero me negaba a creer que mis amigos fueran asesinos; si era así, yo era su cómplice, porque no dije nada de la persiana echada.

«Un caso como tantos, sin ningún interés particular», dijo la mujer policía. Parecía interesante. La muchacha muerta era extraña. Decían que los chicos habían venido en bicicleta para verla desde todos los pueblos de alrededor. Pero no era para tanto. Ni mucho menos.

El cadáver de una extranjera que aparece flotando en una piscina al final del otoño. Sucede muchas veces. La gente de fuera no es como nosotros. No es responsable. No están acostumbradas a lo rápido que puede llegar el frío, antes de que acabe septiembre. No saben lo oscuras que pueden volverse las aguas, lo fácilmente que puede cambiar el tiempo. Basta un pequeño error y estás muerta. Desconocen que es peligroso nadar sola y de noche en una piscina que no conoces, en un país extraño. Hay tantas cosas que ignoran. No saben nada.

Werner logró que sus padres no se enteraran, o al menos que se enteraran lo más tarde posible. Cuando volvieron él ya estaba trabajando en la NASA y Fátima había sido enterrada en nuestro pequeño cementerio. Fui yo quien trató de localizar a la familia de Fátima. Nunca me había preocupado de saber nada de sus padres, pero ahora que los buscaba parecía habérselos tragado la tierra. Fue la policía la que los encontró, pero para entonces ya estaba dispuesto el entierro.

Quizá Fátima hubiera preferido ser incinerada, volar sin motor para siempre sobre Alemania. No le había preguntado sobre esto, porque me parecía y me sigue pareciendo tremendamente descortés obligar a un vivo a pensar en lo que le sucederá cuando esté muerto. A mí no me hubiera importado incinerarla y conservar sus cenizas en una urna. En cierto modo me aliviaba que no tuviera parientes o el que a sus parientes les importara tan poco. Me hubiera paseado por el mundo con las cenizas de Fátima esperando que algo o alguien me dijera qué hacer con ellas. Pero había muerto en circunstancias extrañas y en plena juventud, y el juez dictaminó que debía enterrarse en algún lugar en el que la justicia pudiera desenterrarla si hacía falta o si así lo deseaba. De alguna manera, ni siquiera era libre de marcharse. Estaba sujeta a las leyes de los hombres, incluso en la fría tumba.

Pero el día antes del entierro apareció una mujeruca vestida de negro que dijo ser su madre. Werner le había pagado el viaje y durmió en el dormitorio de sus padres donde antes habíamos dormido nosotros, espalda contra espalda haciendo *la cucharita*. Parecía muy pequeña, pero al acercarme me di cuenta de que era más alta que yo. Al verme me sonrió y vi la sonrisa de Fátima en un rostro anciano. Ese fue el momento más duro, ver su sonrisa en otro rostro, un rostro que ella ya no tendría. El rostro de los años.

A su madre le ofrecieron una indemnización para que se llevara el cuerpo a España, pero no quiso.

—Mi hija era europea, ella creía en Europa. Amaba Alemania.

Ni Ulrich ni Eva fueron al entierro. Descubrí que tampoco ser el primero en irse garantiza que venga nadie a despedirte. Werner y yo nos cogimos de la mano. En el último momento yo cogí también la mano de su madre. Hacía calor. Era el último calor del año. Odié aquel calor que venía a destruir lo que quedaba de ella. Olía a flores demasiado fragantes, a vida demasiado viva: olía a muerte.

Antes de que acabase el entierro comenzó a llover. Llovía sobre el cementerio, sobre la cárcel y sobre la piscina. Llovía sobre los inocentes, pero sobre todo sobre los culpables. Y llovía sobre el *shaddai* que, esta vez sí, arrojé a la fosa cuando bajaron el féretro.

La lluvia mojó la tierra fresca sobre la tumba y el cura terminó a toda prisa. Nosotros tres, en cambio, nos quedamos, sintiendo cómo el agua nos resbalaba sobre las pestañas, sobre los labios. Podíamos beber el agua, beber las lágrimas. Nos quedamos allí quietos, fulminados por la lluvia, completamente calados hasta que los huesos nos dolieron. Nos dolió el estar vivos y también nosotros nos fuimos del cementerio.

Luego llegó el invierno.

Hace un año yo me hallaba en una de esas tiendas de ropa cara y de muchos colores que han proliferado en Barcelona. Estaba probando una gabardina de flores y salí del probador para verme en el espejo grande. Delante el espejo había una mujer gordita que parecía embarazada, y antes de que se volviera yo ya me había dado cuenta que se trataba de Eva. Me sonrió y se echó en mis brazos.

—¿Ahora vives aquí?

—Sí... La vida da muchas vueltas y es un poco más fácil en el Sur, al menos para mí.

Y pensé: vivo en Barcelona pero no soy extranjera aquí, como Fátima lo era en cualquier parte. Yo, rubia y del Norte, me siento bienvenida en todos lados, y a veces me siento mal por ello.

—Y tú, ¿te quedas muchos días? —le pregunté.

Dijo que no. Estaban de viaje con los padres de Ulrich, que se habían quedado en el hotel.

—Estoy de cinco meses. Nos hemos casado hace un año. Todo va muy bien —me dijo y parecía sincera.

La cosa podía haber quedado así, pero añadí:

—Lo sé todo. Ulrich me lo contó —aunque no sabía nada.

Ella pudo haber fingido, pero supongo que era un alivio para ella hablar, decir lo que no había dicho en tanto tiempo.

—Yo no la empujé, se tiró ella sola. La cortina de metal ya estaba cerrándose y no le dio tiempo de salir. No la empujé. No importa lo que te haya dicho Ulrich.

—¿Se tiró?

—Sí, se tiró a por una especie de medallón brillante. Creo que era el que te mandó tu abuela.

El *shaddai,* pensé. Sabía que era imposible.

Cuando murió Fátima el *shaddai* estaba conmigo. Lo apretaba en mis manos mientras enterraban a mi abuela. Estuve a punto de arrojarlo a su tumba, pero no lo hice. Como si supiera que lo necesitaría para que acompañara a Fátima todos estos años bajo tierra.

No podía ser verdad, pero ya no importaba.

—No hicisteis nada para ayudarla. Ni siquiera descorristeis la persiana.

—Fue el destino. Ella se metió donde no debía. Yo no hice nada.

—No hiciste nada para ayudarla.

—No la ayudé, pero tampoco la maté. No hice nada.

Me pareció que decía la verdad y me pregunté por qué Ulrich me había mentido. La mataron con su indiferencia. No hacer es peor o igual que hacer.

Yo también la maté, porque no estuve allí y volví a matarla cuando le di a Eva un beso en cada mejilla. Aunque una bofetada le hubiera hecho menos daño. Se tocó la cara como si mis besos quemaran y salió de la tienda. Se había llevado puesto el vestido que se estaba probando, el vestido con el que parecía a la vez una muchacha inocente y un globo a punto de volar. Se fue sin pagar, sin arrancarse la etiqueta. Las dos empleadas y yo corrimos tras ella pero no la perseguimos. Vimos el fuego y los aviones. Un avión se estrellaba contra un rascacielos una y otra vez. Eso era la eternidad, la imagen de aquella torre que se desmoronaba como mis viejas esperanzas. En cada esquina, en cada escaparate, en todos los edificios, en los espejos retrovisores, en las pupilas de la gente la torre estallaba y los cristales se hacían añicos, nos arañaban las pestañas, se nos clavaban bajo las uñas. Hace sólo un momento las pantallas todavía eran inocentes, mostraban sólo a las mujeres más delgadas del mundo con sus labios carmín y sus manos de esqueleto invitándonos dulcemente a la gran felicidad de pasar hambre. Había transcurrido un instante y todo era distinto.

Las empleadas se arrancaban los botones del uniforme. Las pantallas vomitaban miedo, lenguas de fuego saltaban desde el plasma a los ojos de las gentes aterrorizadas, que se cogían la mano, que se abrazaban, que se separaban bruscamente. Todo el mundo miraba al cielo, quizá buscando un avión que se abatiera sobre nosotros. No había ninguno. Sólo las imagenes que se repetían. Lo peor sucedía y volvía a suceder en aquellos rectángulos mágicos. Mientras, la lluvía comenzaba a caer sobre la calle para apaciguarla. Una lluvía fina casi invisible. Cae sobre el hombre que recoge la basura y sobre la mujer que vende los periódicos, sobre las batas azules de las empleadas que no consiguen cerrar la boca. No cae sobre mí.

Ha transcurrido un instante. El mundo ha cambiado. Las Torres Gemelas no existen y yo he dejado de ser joven.

Volví al interior de la tienda ahora desierta como un palacio abandonado: las perchas por el suelo, los vestidos transmutados en espantapájaros. Una mujer corre hacia el exterior. Piensa que está a tiempo de salvarse. Me senté en el suelo y quise llorar y ya no era posible.

0

HE TARDADO MUCHOS AÑOS EN COMPRENDER LO que sucedió aquella noche y, aún hoy, quedan detalles que me desconciertan. Una imagen me persigue: es la de nosotros cuatro cogidos de la mano sin mover un dedo mientras Fátima se ahoga. Y digo *nosotros cuatro* porque lo he soñado tantas veces que es como si yo hubiera estado allí. Sin embargo, el haberlo soñado me lo hace más remoto e improbable, como si no fuera posible que hubiera sucedido así. En mi sueño la piscina está llena de vapor que parece humo. Y nosotros estamos vestidos de blanco como sacerdotes, a punto de cometer el sacrificio. Nos cogemos las manos y están frías. Y entonces es cuando me despierto.

Sé que Fátima no pudo arrojarse a por el *shaddai*. El *shaddai* no estaba allí. Yo misma lo arrojé a la tumba de Fátima. Pensé que eso le hubiera gustado a Gertraud. Que el *shaddai* volviera a la tierra con Fátima era como si de alguna manera volviera a Maria.

Es difícil saber si Fátima estaba nadando y alguien pulsó el mecanismo o si se cayó a la piscina cuando el dispositivo de la persiana ya estaba en marcha. Si se arrojó ella misma a la piscina o si la empujaron. Sé que yo la empujé con mi indiferencia: con ese no importarme lo que ella sentía con tal de que siguiera la fiesta, la obligué a quedarse, a coquetear con Ulrich para que la fiesta no terminara nunca. Pues bien, yo había sido la culpable de que la fiesta terminara para siempre. La encontraron —la encontré— desnuda. ¿Nadaba desnuda? ¿Estaba desnuda en el jardín? Quizá con Ulrich. No puedo saberlo. Sólo puedo devanarme los sesos intentando volver a aquel momento. Todos los días pienso que somos inocentes, que sólo fue un accidente y entonces recuerdo la persiana de metal y el gesto con el que yo apreté el botón. A fuerza de pensar en ello, también me parece irreal. Puede ser que la persiana no estuviese echada. Quizá yo nunca la descorrí, si sigo pensando así cualquier cosa será posible, yo no habré encontrado el cadáver, Fátima no estará muerta…

Tengo que detener mis pensamientos cuando se vuelven circulares. Para detenerlos haría cualquier cosa. Incluso haría lo que estoy haciendo ahora. Volver a Heimat. Conducir bajo la lluvia. No sé si seré capaz de encontrar la casa, no sé si la casa existirá todavía. Pero aquí estoy, delante del sendero de grava. La reja de hierro está abierta y al final del jardín se oye la música. Todas las luces están encendidas. Puedo ver el vapor del agua que sube de la piscina y oír la música de Wagner. Me desnudo. Me acerco despacio al borde de la piscina. Algo brilla en el agua. En el mar hay olas pero en la piscina sólo hay anillos de luz. Aprisionan al *shaddai* que me hace guiños desde el fondo.

Fátima está tan cerca que puedo oler su perfume.

Sólo me espera el agua.

¿Es éste el fin? ¿Éste era el final?
Me equivoqué.
No había ni asesino ni víctima, ni yo era el detective.
Puede que no hubiera detective.
O puede que lo seas tú.
Puede que ni siquiera esto sea una historia,
sino sólo un error.
Dime, ¿cómo termina todo?
Dime, dímelo tú.

algaida eco

OTROS TÍTULOS
DE ESTA COLECCIÓN

Réquiem por el joven Borgia

ELENA Y MICHELA MARTIGNONI

En una calurosa jornada de junio del año 1497, el papa Alejandro VI, Rodrigo Borgia, es informado de la muerte de su hijo predilecto. El cuerpo de Juan, duque de Gandía, acaba de ser encontrado en un vertedero del Tíber, cosido a puñaladas. ¿Quién se ha atrevido a desafiar de esta forma al Papa? Los enemigos de la familia Borgia en Roma eran muchos, y cualquiera de ellos podría haber ordenado el asesinato.

Réquiem por el joven Borgia recrea el episodio histórico de la familia Borgia y la presencia española en Roma: una novela histórica que se lee como un relato de intriga sobre uno de los episodios más oscuros de la Edad Moderna.

ELENA Y MICHELA MARTIGNONI son hermanas y licenciadas en Letras. Viven y trabajan en Milán. *Réquiem por el joven Borgia es* el resultado de más de dos años de investigación, y su publicación representó un éxito inusitado para una primera novela. Con posterioridad han publicado *César Borgia, verdugo de tiranos,* que completa su fresco de la época de los Borgia.

El arte de matar dragones

IGNACIO DEL VALLE

Poco después de finalizar la guerra civil, la Sección de Información de Alto Estado Mayor franquista recibe el encargo de localizar *El arte de matar dragones,* una tabla italiana perdida en el traslado de los fondos del museo del Prado. La orden procede del propio Serrano Suñer, y Arturo «un agente de pasado turbio y endebles convicciones políticas» habrá de investigar el desconcertante periplo de la obra

El arte de matar dragones no es sólo una novela de intriga sobre traficantes de arte y ajustes de cuentas en la posguerra. También es la historia de un amor imposible, e incluso un relato iniciático donde la tabla de un pintor italiano anónimo parece ocultar unas claves más allá de la razón y de la historia, y preservar el espíritu de la caballería medieval a través de los siglos, en un país dominado por la crueldad y el odio.

IGNACIO DEL VALLE nació en Oviedo en 1971 y actualmente reside en Madrid. Merecedor de numerosos premios de novela y relato, y colaborador habitual de diversos periódicos y revistas, es autor de las novelas *El tiempo de los emperadores extraños* (2006), *Cómo el amor no transformó el mundo* (2005), *El abrazo del boxeador* (2001) y *De donde vienen las olas* (1999). *El arte de matar dragones* mereció el XXII Premio Felipe Trigo de Novela y reveló a su autor como una de las voces más personales e interesantes de la joven narrativa española.

El fuego de San Telmo

JOSÉ BAENA

Durante unas excavaciones arqueológicas en Málaga aparece un soneto cifrado que revela la existencia de un manuscrito perdido hace siglos y atribuido a Santiago, el hermano de Jesús de Nazareth: es el Tercer Apocalipsis, un libro considerado apócrifo por la Iglesia y celosamente guardado en Jerusalén por la orden del Temple. Cuando Arturo Bernal, un profesor de historia de vida monótona, trata de averiguar el paradero del manuscrito, advierte que no está solo en sus pesquisas, y que también lo buscan un comando del Mossad, diferentes órdenes de la Iglesia Católica que rivalizan por imponer su candidato como Papa o una misteriosa secta de sufíes.

El fuego de San Telmo es una emocionante novela de intrigas religiosas y políticas, y un inquietante relato sobre una realidad celosamente oculta y prohibida. Pero también es una novela sobre el amor, en el más amplio concepto del término, y su inacabada realización.

JOSÉ BAENA REIGAL es historiador. Ha sido profesor de Historia Económica en la Universidad de Málaga, y su vida profesional ha estado relacionada con la promoción de la cultura y del turismo en diferentes instituciones andaluzas. Autor de libros de poemas, relatos y ensayos «algunos de ellos merecedores de diferentes galardones» es autor de las novelas *El fuego de San Telmo,* con la que obtuvo el V Premio Ciudad de Salamanca, y de *El octavo pilar. Memorias secretas de Lawrence de Arabia.*

EL país de las mariposas

NEREA RIESCO

La joven Mariana Enríquez, hija del Almirante de Castilla, nació a mediados del siglo XVI en la casona familiar de Medina de Rioseco, y allí fue educada entre los abrazos de su madre, las atenciones de la servidumbre y la severidad de su padre. Pero en el viejo palacio ya se insinúan las promesas y amenazas que jalonarán su vida: el odio enfermizo de su hermano Rodrigo, los libros prohibidos y los conciliábulos de iluminados, y ese Nuevo Mundo entre la realidad y la leyenda en el acabará hallando su destino.

El país de las mariposas no es sólo una novela sobre la colonización de América, las persecuciones inquisitoriales o la destrucción de los vestigios mayas por fray Diego de Landa; ante todo es un relato sobre la tolerancia, sobre la curiosidad y la admiración por otras culturas, y también sobre el amor, porque como dijo Paracelso: «el que no conoce, no ama».

NEREA RIESCO nació en Bilbao en 1974. Es licenciada en Periodismo por la Universidad de Sevilla, ciudad en la que reside, y donde ha trabajado en diversos medios radiofónicos. Es autora del libro de cuentos *Ladrona de almas* y de la novela *Ars Magica* (2007). *El país de las mariposas,* su primera novela, obtuvo el IX Premio de Novela Ateneo Joven de Sevilla. y ha sido traducida al portugués.

El enigma de la Santa Espina

FERNANDO DE ARTACHO

La muerte en extrañas circunstancias del rector del Colegio Universitario de Sevilla, revela la existencia de tres reliquias «una verdadera y dos falsificaciones idénticas» a las que se atribuye el poder de proporcionar a su poseedor éxitos, riquezas y honores sin límite. El jesuita Gonzalo de Ayala, acompañado de dos militares curtidos en los Tercios de Flandes, recibe el encargo de reunir las reliquias, diseminadas por España e Italia, y devolverlas a la Iglesia. Pero otros grupos al servicio de oscuros intereses también están dispuestos a todo por hacerse con ellas.

El enigma de la Santa Espina es un emocionante relato de misterio y aventuras ambientada en la España de principios del siglo XVII.

FERNANDO DE ARTACHO Y PÉREZ-BLÁZQUEZ (Sevilla, 1960) es licenciado en Derecho por la Universidad Hispalense y abogado de su Ilustre Colegio, donde cursó el doctorado en Historia. Ha realizado estudios de Ciencias Políticas y es Diplomado en Genealogía, Heráldica y Nobiliaria por el CSIC. Asiduo colaborador en revistas especializadas y medios de comunicación escritos, ha publicado más de media docena de libros sobre genealogía y heráldica, y es miembro de varias academias e instituciones españolas y extranjeras. Desde hace algunos años alterna la labor investigadora con la divulgación histórica, en novelas como *Hija de la Iglesia* (2004), *Las dos verdades* (2005), *La gubia del alumbrado* (2007) o *El trono y el altar* (2008). *El enigma de la Santa Espina* resultó finalista del XXXVII Premio de Novela Ateneo de Sevilla.